Weisheit im Märchen

Weisheit im Märchen
Herausgegeben von Theodor Seifert

Lutz Müller

Das tapfere Schneiderlein

List als Lebenskunst

Kreuz Verlag

CIP-Kurztitelaufnahme der Deutschen Bibliothek

Müller, Lutz:
Das tapfere Schneiderlein: List als Lebenskunst/
Lutz Müller. – 1. Aufl. – Zürich: Kreuz-Verlag, 1985.
(Weisheit im Märchen)
ISBN 3-268-00024-X

1. Auflage
© Kreuz Verlag AG Zürich 1985
Gestaltung: Hans Hug
Umschlagfoto: Siegfried Himmer
ISBN 3-268-00024-X

Inhalt

Vorwort

K inder lieben »Das tapfere Schneiderlein« sehr. Es
gehört zu ihren Lieblingsmärchen, sie können es
nicht oft genug hören. Offenbar spüren sie etwas, das
für sie sehr wichtig ist, auch wenn sie es noch nicht in
Worte fassen können. Ich hatte zu diesem Märchen
kaum noch Zugang, es schien mir wirklich ein »Kin-
dermärchen« zu sein, so wie es die Brüder Grimm
einmal gedacht hatten. Um so größer war meine
Überraschung und mein Gewinn, als ich Lutz Müller
folgte und mich von ihm in die Welt dieses Märchens
hineinführen ließ. Nicht nur der feine hintergründige
Humor hat mich beeindruckt, sondern auch seine
behutsame Art, die nicht leicht erkennbaren tieferen
Weisheiten und Paradoxien anzudeuten, die sich im
Verhalten des Schneiderleins zeigen. Erst jetzt wurde
mir zugänglich, was unsere Kinder an diesem Märchen
so lieben, sind sie doch genauso wie das Schneiderlein
auf ihre Schwäche und manche kleine List angewiesen,
um mit der Stärke, Strenge und Unzugänglichkeit der
Erwachsenen, auch ihrer Eltern, fertig zu werden.

Das Buch macht Mut, insbesondere denen, die
selbst vor der Aufgabe stehen, Starke und Mächtige
bekämpfen zu müssen. Es macht auch deshalb Mut,
weil es entlastet, die Forderung mildert, alles im

Leben müsse so klar und hell, so geradlinig und gut im Sinne unserer herkömmlichen Moral sein. List und Schwäche sind auch Äußerungen des Lebens, die zu uns gehören. Dies ist ein großer Trost.

Der Leser wird das Buch sehr nachdenklich und sicher bereichert, getröstet und ermutigt, vielleicht auch provoziert aus der Hand legen. Wir brauchen auch die dunkleren Seiten unserer Person, um das Leben zu bestehen.

Ehe Sie dem Autor in seinen Überlegungen folgen, lassen Sie ruhig erst das Märchen auf sich wirken, spüren Sie dem nach, was es in Ihnen anregt. Lassen Sie sich von Ihren eigenen Reaktionen überraschen, und überlegen Sie zum Beispiel einmal, wie Sie mit der Musverkäuferin umgegangen wären oder was Ihnen der Käs in der Tasche des Schneiderleins sagt, ehe Sie diese herrlichen Szenen mit dem Autor zusammen weiterüberlegen.

Jeder Leser kann sich in den typischen und allgemeinmenschlichen Situationen der Märchen auf die eine oder andere Weise wiederfinden. Wenn Märchen auch keine individuellen Lebensläufe oder Erlebnisse darstellen, so lassen sich diese doch in all ihrer Vielfalt mühelos in den Märchengeschichten wiederfinden. Wir können uns deshalb vertrauensvoll an den Vorbildern der Märchen orientieren, nicht zuletzt, weil hinter ihnen keine persönliche Absicht eines bestimmten Autors steht. Auch der Kommentar, den die Autoren dieser Reihe anbieten, soll nur zu eigenem weiterem Nachdenken anregen und keine allgemeingültigen Regeln zum Märchenverständnis aufstellen.

Einige Hinweise zur Literatur:

Die Autoren dieser Reihe haben sich bei den Texten der Märchen an folgende Ausgaben gehalten: *Kinder- und Hausmärchen. Gesammelt durch die Brüder Grimm, 2 Bände, Manesse Verlag.*

Wenn Sie sich, wie eben angeregt, weiter mit diesem Thema beschäftigen möchten, so empfehlen Ihnen die Autoren dieser Reihe folgende Bücher: *von Franz, Marie-Louise: Das Weibliche im Märchen, Stuttgart 1977. Birkhäuser-Oeri, Sibylle: Die Mutter im Märchen, Stuttgart 1976. Dieckmann, Hans: Gelebte Märchen, Hildesheim 1978. Kast, Verena: Wege aus Angst und Symbiose im Märchen, Olten 1981.*

Diese Werke behandeln weitere große Lebensthemen, die in unserer Reihe nicht berücksichtigt werden konnten. Sie enthalten darüber hinaus wichtige Ergänzungen, die der persönlichen Vertiefung und Bereicherung dienen.

Theodor Seifert

Das tapfere
Schneiderlein

An einem Sommermorgen saß ein Schneiderlein
auf seinem Tisch am Fenster, war guter Dinge
und nähte aus Leibeskräften. Da kam eine Bauersfrau die Straße herab und rief: »Gut Mus feil! Gut
Mus feil!« Das klang dem Schneiderlein lieblich in
die Ohren, er steckte sein zartes Haupt zum Fenster
hinaus und rief: »Hier herauf, liebe Frau, hier wird
sie ihre Ware los.« Die Frau stieg die drei Treppen
mit ihrem schweren Korbe zu dem Schneider herauf
und mußte die Töpfe sämtlich vor ihm auspacken.
Er besah sie alle, hob sie in die Höhe, hielt die
Nase dran und sagte endlich: »Das Mus scheint mir
gut, wieg sie mir doch vier Lot ab, liebe Frau;
wenn's auch ein Viertelpfund ist, kommt es mir
nicht drauf an.« Die Frau, welche gehofft hatte,
einen guten Absatz zu finden, gab ihm, was er verlangte, ging aber ganz ärgerlich und brummig fort.
»Nun, das Mus soll mir Gott gesegnen«, rief das
Schneiderlein, »und soll mir Kraft und Stärke
geben«, holte das Brot aus dem Schrank, schnitt
sich ein Stück über den ganzen Laib und strich das
Mus darüber. »Das wird nicht bitter schmecken«,
sprach er, »aber erst will ich den Wams fertig-
machen, eh ich anbeiße.« Er legte das Brot neben

sich, nähte weiter und machte vor Freude immer größere Stiche. Indes stieg der Geruch von dem süßen Mus hinauf an die Wand, wo die Fliegen in großer Menge saßen, so daß sie herangelockt wurden und sich scharenweis darauf niederließen. »Ei, wer hat euch eingeladen?« sprach das Schneiderlein und jagte die ungebetenen Gäste fort. Die Fliegen aber, die kein Deutsch verstanden, ließen sich nicht abweisen, sondern kamen in immer größerer Gesellschaft wieder. Da lief dem Schneiderlein endlich, wie man sagt, die Laus über die Leber, es langte aus seiner Hölle nach einem Tuchlappen, und »wart, ich will es euch geben!« schlug es unbarmherzig drauf. Als es abzog und zählte, so lagen nicht weniger als sieben vor ihm tot und streckten die Beine. »Bist du so ein Kerl?« sprach es und mußte selbst seine Tapferkeit bewundern, »das soll die ganze Stadt erfahren.« Und in der Hast schnitt sich das Schneiderlein einen Gürtel, nähte ihn und stickte mit großen Buchstaben darauf: Siebene auf einen Streich! – »Ei was, Stadt!« sprach er weiter, »die ganze Welt soll's erfahren!« und sein Herz wackelte ihm vor Freude wie ein Lämmerschwänzchen.

Der Schneider band sich den Gürtel um den Leib und wollte in die Welt hinaus, weil er meinte, die Werkstätte sei zu klein für seine Tapferkeit. Eh er abzog, suchte er im Haus herum, ob nichts da wäre, was er mitnehmen könnte; er fand aber nichts als einen alten Käs, den steckte er ein. Vor dem Tore bemerkte er einen Vogel, der sich im Gesträuch gefangen hatte; der mußte zu dem Käse in die Tasche. Nun nahm er den Weg tapfer zwischen die Beine, und weil er leicht und behend war, fühlte er keine Müdigkeit. Der Weg führte ihn auf einen Berg, und als er den höchsten Gipfel erreicht hatte, so saß da ein gewaltiger Riese und schaute sich ganz gemächlich um. Das Schneiderlein ging beherzt auf ihn zu, redete ihn an und sprach: »Guten Tag, Kamerad, gelt, du sitzest da und besiehst dir die weitläufige Welt? Ich bin eben auf dem Wege dahin und will mich versuchen. Hast du Lust mitzugehen?« Der Riese sah den Schneider verächtlich an und sprach: »Du Lump! Du miserabler Kerl!« – »Das wäre!« antwortete das Schneiderlein, knöpfte den Rock auf und zeigte dem Riesen den Gürtel, »da kannst du lesen, was ich für ein Mann bin.« Der Riese las: »Siebene auf einen Streich«, meinte, das wären Menschen gewesen, die der Schneider erschlagen hätte, und kriegte ein wenig Respekt vor dem kleinen Kerl. Doch wollte er ihn erst prüfen, nahm einen Stein in die Hand und drückte ihn zusammen, daß das Wasser heraustropfte. »Das mach mir nach«, sprach der Riese, »wenn du Stärke hast.« – »Ist's weiter nichts?« sagte das Schneiderlein, »das ist bei unsereinem Spielwerk«, griff in die Tasche, holte den weichen Käs und drückte ihn, daß der Saft herauslief. »Gelt«, sprach er, »das war ein wenig besser?« Der Riese wußte nicht, was er sagen sollte, und konnte es von dem Männlein nicht glauben. Da hob der Riese einen Stein auf und warf ihn so hoch, daß man ihn mit Augen kaum noch sehen konnte: »Nun, du Erpelmännchen, das tu mir nach.« – »Gut geworfen«, sagte der Schneider, »aber der Stein hat doch wieder zur Erde herabfallen müssen; ich will dir einen werfen, der soll gar nicht wiederkommen«, griff in die Tasche, nahm den Vogel und warf ihn in die Luft. Der Vogel, froh über seine Freiheit, stieg auf, flog fort und kam nicht wieder. »Wie gefällt dir das Stückchen, Kamerad?« fragte der Schneider. »Werfen kannst du wohl«, sagte der Riese, »aber nun wollen wir sehen, ob du imstande bist, etwas Ordentliches zu tragen.« Er führte das Schneiderlein zu einem mächtigen Eichbaum, der da gefällt auf dem Boden lag, und sagte: »Wenn du stark genug bist, so hilf mir den Baum aus dem Walde heraustragen.« – »Gerne«, antwortete der kleine Mann, »nimm du nur den Stamm auf deine Schulter, ich will die Äste mit dem Gezweig aufheben und tragen, das ist doch das Schwerste.« Der Riese nahm den Stamm auf die Schulter, der Schneider aber setzte sich auf einen Ast, und der Riese, der sich nicht umsehen konnte, mußte den ganzen Baum und das Schneiderlein noch obendrein forttragen. Es war da hinten ganz lustig und guter Dinge, pfiff das Liedchen »Es ritten drei Schneider zum Tore hinaus«, als wäre das Baumtragen ein Kinderspiel. Der Riese, nachdem er ein Stück Wegs die schwere Last fortgeschleppt hatte, konnte nicht weiter und rief: »Hör, ich muß den Baum fallen lassen.« Der Schneider sprang behendiglich herab, faßte den Baum mit beiden Armen, als wenn er ihn getragen hätte, und sprach zum Riesen: »Du bist ein so großer Kerl und kannst den Baum nicht einmal tragen.«

Sie gingen zusammen weiter, und als sie an einem Kirschbaum vorbeikamen, faßte der Riese die Krone des Baums, wo die zeitigsten Früchte hingen, bog sie herab, gab sie dem Schneider in die Hand und ließ ihn essen. Das Schneiderlein aber war viel zu schwach, um den Baum zu halten, und als der Riese losließ, fuhr der Baum in die Höhe, und der Schneider ward mit in die Luft geschnellt. Als er wieder ohne Schaden herabgefallen war, sprach der Riese: »Was ist das, hast du nicht Kraft, die schwache Gerte zu halten?« – »An der Kraft fehlt es nicht«, antwortete das Schneiderlein, »meinst du, das wäre etwas für einen, der siebene auf einen Streich getroffen hat? Ich bin über den Baum gesprungen, weil die Jäger da unten in das Gebüsch schießen. Spring nach, wenn du's vermagst.« Der Riese machte den Versuch, konnte aber nicht über den Baum kommen, sondern blieb in den Ästen hängen, also daß das Schneiderlein auch hier die Oberhand behielt.

Der Riese sprach: »Wenn du ein so tapferer Kerl bist, so komm mit in unsere Höhle und übernachte bei uns.« Das Schneiderlein war bereit und folgte ihm. Als sie in der Höhle anlangten, saßen da noch andere Riesen beim Feuer, und jeder hatte ein gebratenes Schaf in der Hand und aß davon. Das Schneiderlein sah sich um und dachte: es ist doch hier viel weitläufiger als in meiner Werkstatt. Der Riese wies ihm ein Bett an und sagte, er sollte sich hineinlegen und ausschlafen. Dem Schneiderlein war aber das Bett zu groß, es legte sich nicht hinein, sondern kroch in eine Ecke. Als es Mitter-

nacht war und der Riese meinte, das Schneiderlein
läge in tiefem Schlafe, so stand er auf, nahm eine
große Eisenstange und schlug das Bett mit einem
Schlag durch und meinte, er hätte dem Grashüpfer
den Garaus gemacht. Mit dem frühsten Morgen
gingen die Riesen in den Wald und hatten das
Schneiderlein ganz vergessen; da kam es auf einmal ganz lustig und verwegen dahergeschritten.
Die Riesen erschraken, fürchteten, es schlüge sie
alle tot, und liefen in einer Hast fort.

Das Schneiderlein zog weiter, immer seiner
spitzen Nase nach. Nachdem es lange gewandert
war, kam es in den Hof eines königlichen Palastes,
und da es Müdigkeit empfand, so legte es sich ins
Gras und schlief ein. Während es dalag, kamen die
Leute, betrachteten es von allen Seiten und lasen
auf dem Gürtel »Siebene auf einen Streich«. »Ach«,
sprachen sie, »was will der große Kriegsheld hier
mitten im Frieden? Das muß ein mächtiger Herr
sein.« Sie gingen und meldeten es dem König und
meinten, wenn Krieg ausbrechen sollte, wäre das
ein wichtiger und nützlicher Mann, den man um
keinen Preis fortlassen dürfte. Dem König gefiel
der Rat, und er schickte einen von seinen Hofleuten
an das Schneiderlein ab, der sollte ihm, wenn es
aufgewacht wäre, Kriegsdienste anbieten. Der
Abgesandte blieb bei dem Schläfer stehen, wartete,
bis er seine Glieder streckte und die Augen aufschlug, und brachte dann seinen Antrag vor. »Eben
deshalb bin ich hierher gekommen«, antwortete er,
»ich bin bereit, in des Königs Dienste zu treten.«

Also ward er ehrenvoll empfangen und ihm eine besondere Wohnung angewiesen.

Die Kriegsleute aber waren dem Schneiderlein aufgesessen und wünschten, es wäre tausend Meilen weit weg. »Was soll daraus werden?« sprachen sie untereinander, »wenn wir Zank mit ihm kriegen und er haut zu, so fallen auf jeden Streich siebene. Da kann unsereiner nicht bestehen.« Also faßten sie einen Entschluß, begaben sich allesamt zum König und baten um ihren Abschied. »Wir sind nicht gemacht«, sprachen sie, »neben einem Mann auszuhalten, der siebene auf einen Streich schlägt.« Der König war traurig, daß er um des einen willen alle seine treuen Diener verlieren sollte, wünschte, daß seine Augen ihn nie gesehen hätten, und wäre ihn gerne wieder los gewesen. Aber er getraute sich nicht, ihm den Abschied zu geben, weil er fürchtete, er möchte ihn samt seinem Volke totschlagen und sich auf den königlichen Thron setzen. Er sann lange hin und her, endlich fand er einen Rat. Er schickte zu dem Schneiderlein und ließ ihm sagen, weil er ein so großer Kriegsheld wäre, so wollte er ihm ein Anerbieten machen. In einem Walde seines Landes hausten zwei Riesen, die mit Rauben, Morden, Sengen und Brennen großen Schaden stifteten: niemand dürfte sich ihnen nahen, ohne sich in Lebensgefahr zu setzen. Wenn er diese beiden Riesen überwände und tötete, so wollte er ihm seine einzige Tochter zur Gemahlin geben und das halbe Königreich zur Ehesteuer; auch sollten hundert Reiter mitziehen und ihm Beistand leisten. Das wäre so etwas für einen Mann,

wie du bist, dachte das Schneiderlein, eine schöne
Königstochter und ein halbes Königreich wird
einem nicht alle Tage angeboten. »O ja«, gab er zur
Antwort, »die Riesen will ich schon bändigen und
habe die hundert Reiter dabei nicht nötig; wer
siebene auf einen Streich trifft, braucht sich vor
zweien nicht zu fürchten.«

Das Schneiderlein zog aus, und die hundert
Reiter folgten ihm. Als er zu dem Rand des Waldes
kam, sprach er zu seinen Begleitern: »Bleibt hier
nur halten, ich will schon allein mit den Riesen fertig werden.« Dann sprang er in den Wald hinein
und schaute sich rechts und links um. Über ein
Weilchen erblickte er beide Riesen: sie lagen unter
einem Baume und schliefen und schnarchten dabei,
daß sich die Äste auf und nieder bogen. Das
Schneiderlein, nicht faul, las beide Taschen voll
Steine und stieg damit auf den Baum. Als es in der
Mitte war, rutschte es auf einen Ast, bis es gerade
über die Schläfer zu sitzen kam, und ließ dem einen
Riesen einen Stein nach dem anderen auf die Brust
fallen. Der Riese spürte lange nichts, doch endlich
wachte er auf, stieß seinen Gesellen an und sprach:
»Was schlägst du mich?« – »Du träumst«, sagte der
andere, »ich schlage dich nicht.« Sie legten sich
wieder zum Schlaf, da warf der Schneider auf den
zweiten einen Stein herab. »Was soll das?« rief der
andere, »warum wirfst du mich?« – »Ich werfe dich
nicht«, antwortete der erste und brummte. Sie
zankten sich eine Weile herum, doch weil sie müde
waren, ließen sie's gut sein, und die Augen fielen
ihnen wieder zu. Das Schneiderlein fing sein Spiel

von neuem an, suchte den dicksten Stein aus und
warf ihn dem ersten Riesen mit aller Gewalt auf
die Brust. »Das ist zu arg!« schrie er, sprang wie
ein Unsinniger auf und stieß seinen Gesellen wider
den Baum, daß dieser zitterte. Der andere zahlte
mit gleicher Münze, und sie gerieten in solche Wut,
daß sie Bäume ausrissen, aufeinander losschlugen,
so lang, bis sie endlich beide zugleich tot auf die
Erde fielen. Nun sprang das Schneiderlein herab.
»Ein Glück nur«, sprach es, »daß sie den Baum, auf
dem ich saß, nicht ausgerissen haben, sonst hätte
ich wie ein Eichhörnchen auf einen andern springen
müssen: doch unsereiner ist flüchtig!« Es zog sein
Schwert und versetzte jedem ein paar tüchtige
Hiebe in die Brust, dann ging es hinaus zu den
Reitern und sprach: »Die Arbeit ist getan, ich habe
beiden den Garaus gemacht: aber hart ist es her-
gegangen, sie haben in der Not Bäume ausgerissen
und sich gewehrt, doch das hilft alles nichts, wenn
einer kommt wie ich, der siebene auf einen Streich
schlägt.« – »Seid Ihr denn nicht verwundet?« frag-
ten die Reiter. »Das hat gute Wege«, antwortete
der Schneider, »kein Haar haben sie mir gekrümmt.«
Die Reiter wollten ihm keinen Glauben bei-
messen und ritten in den Wald hinein: da fanden
sie die Riesen in ihrem Blute schwimmend, und
ringsherum lagen die ausgerissenen Bäume.

Das Schneiderlein verlangte von dem König die
versprochene Belohnung, den aber reute sein Versprechen, und er sann aufs neue, wie er sich den
Helden vom Halse schaffen könnte. »Ehe du meine
Tochter und das halbe Reich erhältst«, sprach er zu

ihm, »mußt du noch eine Heldentat vollbringen. In dem Walde läuft ein Einhorn, das großen Schaden anrichtet, das mußt du erst einfangen.« – »Vor einem Einhorn fürchte ich mich noch weniger als vor zwei Riesen; siebene auf einen Streich, das ist meine Sache.« Er nahm sich einen Strick und eine Axt mit, ging hinaus in den Wald und hieß abermals die, welche ihm zugeordnet waren, außen warten. Er brauchte nicht lange zu suchen, das Einhorn kam bald daher und sprang geradezu auf den Schneider los, als wollte es ihn ohne Umstände aufspießen. »Sachte, sachte«, sprach er, »so geschwind geht das nicht«, blieb stehen und wartete, bis das Tier ganz nahe war, dann sprang er behendiglich hinter den Baum. Das Einhorn rannte mit aller Kraft gegen den Baum und spießte sein Horn so fest in den Stamm, daß es nicht Kraft genug hatte, es wieder herauszuziehen, und so war es gefangen. »Jetzt hab ich das Vöglein«, sagte der Schneider, kam hinter dem Baum hervor, legte dem Einhorn den Strick erst um den Hals, dann hieb er mit der Axt das Horn aus dem Baum, und als alles in Ordnung war, führte er das Tier ab und brachte es dem König.

Der König wollte ihm den verheißenen Lohn noch nicht gewähren und machte eine dritte Forderung. Der Schneider sollte ihm vor der Hochzeit erst ein Wildschwein fangen, das in dem Wald großen Schaden tat; die Jäger sollten ihm Beistand leisten. »Gerne«, sprach der Schneider, »das ist ein Kinderspiel.« Die Jäger nahm er nicht mit in den Wald, und sie waren's wohl zufrieden, denn das

Wildschwein hatte sie schon mehrmals so empfangen, daß sie keine Lust hatten, ihm nachzustellen. Als das Schwein den Schneider erblickte, lief es mit schäumendem Munde und wetzenden Zähnen auf ihn zu und wollte ihn zur Erde werfen: der flüchtige Held aber sprang in eine Kapelle, die in der Nähe war, und gleich oben zum Fenster in einem Satz wieder hinaus. Das Schwein war hinter ihm hergelaufen, er aber hüpfte außen herum und schlug die Türe hinter ihm zu; da war das wütende Tier gefangen, das viel zu schwer und unbehilflich war, um zu dem Fenster hinauszuspringen. Das Schneiderlein rief die Jäger herbei, die mußten den Gefangenen mit eigenen Augen sehen: der Held aber begab sich zum Könige, der nun, er mochte wollen oder nicht, sein Versprechen halten mußte und ihm seine Tochter und das halbe Königreich übergab. Hätte er gewußt, daß kein Kriegsheld, sondern ein Schneiderlein vor ihm stand, es wäre ihm noch mehr zu Herzen gegangen. Die Hochzeit ward also mit großer Pracht und kleiner Freude gehalten und aus einem Schneider ein König gemacht.

Nach einiger Zeit hörte die junge Königin in der Nacht, wie ihr Gemahl im Traume sprach: »Junge, mach mir den Wams und flick mir die Hosen, oder ich will dir die Elle über die Ohren schlagen.« Da merkte sie, in welcher Gasse der junge Herr geboren war, klagte am anderen Morgen ihrem Vater ihr Leid und bat, er möchte ihr von dem Manne helfen, der nichts anders als ein

Schneider wäre. Der König sprach ihr Trost zu und sagte: »Laß in der nächsten Nacht deine Schlafkammer offen; meine Diener sollen außen stehen und, wenn er eingeschlafen ist, hineingehen, ihn binden und auf ein Schiff tragen, das ihn in die weite Welt führt.« Die Frau war damit zufrieden, des Königs Waffenträger aber, der alles mit angehört hatte, war dem jungen Herrn gewogen und hinterbrachte ihm den ganzen Anschlag. »Dem Ding will ich einen Riegel vorschieben«, sagte das Schneiderlein. Abends legte es sich zu gewöhnlicher Zeit mit seiner Frau zu Bett: als sie glaubte, es sei eingeschlafen, stand sie auf, öffnete die Türe und legte sich wieder. Das Schneiderlein, das sich nur stellte, als wenn es schlief, fing an mit heller Stimme zu rufen: »Junge, mach mir den Wams und flick mir die Hosen, oder ich will dir die Elle über die Ohren schlagen! Ich habe siebene mit einem Streich getroffen, zwei Riesen getötet, ein Einhorn fortgeführt und ein Wildschwein gefangen und sollte mich vor denen fürchten, die draußen vor der Kammer stehen!« Als diese den Schneider also sprechen hörten, überkam sie eine große Furcht; sie liefen, als wenn das wilde Heer hinter ihnen wäre, und keiner wollte sich mehr an ihn wagen. Also war und blieb das Schneiderlein sein Lebtag ein König.

List und *Schwäche*
als *Lebenskunst*

Wie ist es Ihnen ergangen, als Sie das Märchen vom tapferen Schneiderlein nach vielleicht sehr langer Zeit jetzt wieder gelesen haben? Obwohl es eines der Märchen ist, das uns als Kinder viel Freude, Vergnügen und Genugtuung bereitet hat, tun wir uns als Erwachsene doch etwas schwer mit ihm. Wir können uns nicht mehr unbefangen darüber freuen, daß jemand mit einem Streich sieben Fliegen erschlägt und sich dann für den größten aller Helden hält, und wir können uns auch nicht mehr unbefangen darüber freuen, daß jemand auf diese listenreiche und prahlerische Weise ein halbes Königreich und eine schöne Prinzessin dazu gewinnt. Wir spüren, daß es so leicht im Leben nicht geht.

Wir haben erfahren, daß viele unserer Kindheitsträume und -sehnsüchte unerfüllt geblieben sind, daß es schwer genug war, uns einen einigermaßen gesicherten Platz in der Erwachsenenwelt zu verschaffen, und wir viele Opfer, Enttäuschungen und Einschränkungen auf uns nehmen mußten, um unseren oft beschwerlichen Lebensweg gehen zu können. Deshalb ärgern wir uns verständlicherweise über jeden, der, wie unser tapferes Schneiderlein, mit weniger Anstrengung, mit Glück, Aufschneiderei und Täuschung zu anscheinend unverdientem Erfolg gelangt.

Kinder sehen das Märchen natürlich aus einer anderen Perspektive. Weil sie sich selbst als klein und schwach erleben, von den Ansprüchen der Riesenwelt der Erwachsenen überfordert, und sich ihnen hilflos ausgeliefert fühlen, identifizieren sie sich leicht mit dem Schneiderlein. Es ist einer von ihnen, und es zeigt ihnen, daß man mit den Riesenproblemen des Lebens auch anders fertig werden kann als mit überlegener Stärke. Es ermutigt sie, eine mehr spielerische, kreative Haltung dem Leben gegenüber einzunehmen, in der geistige Beweglichkeit und ein humorvolles Gemüt fremder Macht und Körperkraft überlegen sind.

Das ist nun der Punkt, wo das Märchen auch für uns Erwachsene interessant und aufschlußreich werden könnte. In einem gewissen Sinne bleiben wir ja immer Kinder des Lebens. Wir wissen nicht, wo wir herkommen, wer wir sind und wohin wir schließlich gehen. Unserem geheimnisvollen Leben und Schicksal gegenüber sind wir kleine, schwache Kinder. Das Leben ist immer größer und stärker als wir. Deshalb können wir uns fragen, ob uns das tapfere Schneiderlein auch etwas über die Kunst zu sagen weiß, wie man mit den Kräften und Mächten des Erwachsenenlebens umgeht.

Jedes Märchen läßt sich bekanntlich auf den unterschiedlichsten Ebenen deuten, was durch die Unbestimmtheit seiner Symbolsprache möglich ist. Es gibt historische, völkerkundliche, soziologische und psychologische Interpretationsansätze. Wenn man ein Märchen psychologisch angeht, kann man dies auch

24

wieder unter verschiedenen Aspekten tun. Man kann sich fragen, welche typischen kindlichen Entwicklungsphasen und -probleme es spiegelt, welche kollektiven gesellschaftlichen Fragen angesprochen werden oder welche allgemeinen Lebensweisheiten es zu vermitteln vermag. Manchmal bietet die Eigenart des Märchens den zu wählenden Ansatz an, meist aber entspringt er der Vorliebe des Autors.

Die durchaus doppeldeutige Figur des tapferen Schneiderleins mit seinen schattenhaften Aspekten legt es nahe, an ihr die Fassadenhaftigkeit, die doppelte Moral und die Manipulationsneigungen des Menschen und unserer Gesellschaft darzustellen. Auch ließe sich die psychoanalytische Narzißmustheorie sehr gut auf das Märchen übertragen. Es entsprach aber meiner Vorliebe, das Märchen hauptsächlich unter dem Gesichtspunkt positiver Lebenskunst zu betrachten. Ich gestehe es mir dabei zu, daß diese Interpretation möglicherweise eine »sanfte Umdeutung« ist, wobei ich vermute, daß das Schneiderlein Verständnis dafür haben würde, ist es doch selbst mit diesem Trick bestens vertraut (vgl. S. 86 f.).

Lebenskunst möchte ich hier definieren als die Kunst, eine Einstellung zum Leben zu finden, die dessen Ganzheit, Polarität, Vielfalt und ständiger Veränderung gerecht wird und die meiste Befriedigung verschafft. Sie ist die Kunst, das Beste aus seinem Leben zu machen.

Wieso aber kann uns ein schwaches Schneiderlein Lebenskunst vermitteln? Weil Lebenskunst da beginnt, wo wir uns unserer Schwäche bewußt werden.

Die starken Menschen, die großen Sieger und

Helden, die Tugendhaften und die Willensmenschen bemühen sich selten um Lebenskunst, weil sie sich das Leben nach ihren Vorstellungen erzwingen. Meist berauben sie sich damit zwar der Schönheit des Lebens und ihrer Fähigkeit, es zu lieben und sich an ihm zu erfreuen, aber sie merken es kaum. Sie sehen nicht, daß das Leben letzten Endes stärker bleibt und nicht wirklich bezwungen werden kann. Im Überwältigen des Lebens werden sie schließlich selbst überwältigt. Gewalt erzeugt Gegengewalt, oder, wie es der chinesische Weise Laotse ausdrückt: »Die Starken sterben eines unnatürlichen Todes. Das will ich zum Kernstück meiner Lehre machen.«[1]

Lebenskunst können wir von denjenigen Menschen lernen, die sich ihrer Schwäche bewußt geworden sind und aus dieser Haltung heraus leben. Lebenskunst ist, wenn man trotzdem lebt (und zwar so gut wie möglich). Alle die Schwachen, die Unterlegenen, die Verlierer und Narren, die erfahren haben, daß sie nichts wissen, und für die das Leben nach wie vor ein großes Wunder und Rätsel ist, haben eine größere Chance als die Starken und Allwissenden, zu Künstlern ihres Lebens zu werden. Aber nur wenige von ihnen erkennen die Möglichkeiten der Schwäche, sie versuchen verzweifelt, doch noch zu Siegern zu werden, oder sie resignieren.

Ein Mensch, der das Leben als überlegen empfindet, wird ihm gegenüber eine höhere Sensibilität, Empfänglichkeit und Einfühlung entwickeln. Er wird das Leben beobachten, von ihm lernen, um sich seinen Bewegungen, Strömungen und Gegenströmungen anpassen zu können. Ihm fehlt die Kraft und

Überheblichkeit, gegen das Leben sein zu können. Während die Stärke des Siegers und Helden die der Kraft, des Willens, der Eindeutigkeit, der Konsequenz und Härte ist, liegt die Stärke des Lebenskünstlers in seiner Schwäche, Weichheit und Beweglichkeit und in seiner Fähigkeit, mit den Paradoxien des Lebens umzugehen, so daß er an ihnen nicht wie der Starke zerbricht. Er meistert das Leben nicht, indem er es bekämpft und unterdrückt, sondern indem er es zuläßt, annimmt und sich von ihm tragen läßt wie ein Wellenreiter von seiner Welle. Lebenskunst ist die Kunst des Loslassens des Unnötigen, des Annehmens dessen, was ist, wie es ist, und des Mitgehens mit der Lebensenergie. Das zeigt das tapfere Schneiderlein in vielen Situationen.

Weisheiten der Lebenskunst erscheinen oft sehr banal, konservativ, selbstverständlich oder sinnlos. Manchmal kommen sie uns wie mysteriöse Rätsel vor oder wie ein billiger Ratschlag, den uns jemand gibt, der auch nicht weiter weiß. Einigen von diesen »banalen« Ratschlägen wird der Leser auch in den folgenden Kapiteln begegnen. Er wird immer wieder lesen, daß es wichtig ist, sich selbst anzunehmen, wie man ist, oder daß man die Welt nach seinen eigenen Vorstellungen gestalten kann. Das finden wir auch in Sprichwörtern und Redensarten wieder – zum Beispiel: »Jeder ist seines Glückes Schmied« –, die wir häufig im Munde führen, aber selten in ihrer ganzen Tiefe verstehen. Ob uns Lebensweisheiten wirklich helfen, hängt offenbar davon ab, inwieweit wir innerlich für sie reif geworden sind. Als ich noch ein Junge war, pflegte mir mein Vater oft beiläufig zu sagen:

»Weißt du, das Einfachste ist das Beste.« Damals ärgerte mich dieser Ausspruch, weil ich komplizierte technische Apparate liebte und die Welt als sehr kompliziert und daher faszinierend erlebte. Ich empfand diesen Ausspruch als rückschrittlich und altmodisch. Heute kommt mir dieser Satz fast wie die Quintessenz aller Lebensweisheit vor. So möchte ich den Leser um Nachsicht bitten, wenn ihm manche der folgenden Gedankengänge und Anregungen zur Lebenskunst zu selbstverständlich und zu einfach vorkommen.

Lebenskunst ist für mich die Kunst des Einfachen. Auch das Leben ist im Grunde einfach und ungeteilt, es ist einfach so, wie es ist. Aber unsere Theorien und Vorstellungen, unsere Ideologien und Ideale machen es kompliziert und widersprüchlich. Das Leben wird aufgeteilt in Bereiche, die sein dürfen, und solche, die nicht sein dürfen. Daraus entstehen Konflikte, Spannungen und Gewalt. Einfache Lebenskunst dagegen ist wie ein Balsam auf wunder Haut. Sie entspannt und lindert die Schmerzen der seelischen Blutungen, Kämpfe und Anstrengungen, indem sie keine neuen Ideale aufstellt, nicht immer wieder Neues und Anderes von uns fordert, sondern uns immer mehr so sein läßt, wie wir sind. Lebenskunst bezieht sich deshalb auch vornehmlich auf eine Veränderung der Beziehung zu uns selbst und weniger auf eine Veränderung anderer Menschen oder der Außenwelt. Vieles, was uns als Problem der Außenwelt erscheint, ist nur ein Spiegel unserer gestörten Innenwelt. Wenn es uns gelingt, uns mit uns selbst zu versöhnen und den Streit der vielen Seelen in unserer

Brust zu schlichten, dann finden sich auch Ansätze für eine Befriedung der Außenwelt.

Unser tapferes Schneiderlein ist ein Meister der Kunst des Einfachen. Es löst seine Probleme mit verblüffend einfachen Mitteln und mit geringstem Aufwand. Es kann dies nur, weil es in gewisser Weise über den Gegensätzen und künstlichen moralischen Grenzen steht. Das hat es mit den anderen Gestalten gemein, die symbol- und völkerkundlich als »Trickster« bezeichnet werden. Wie zum Beispiel Hermes-Mercurius, der griechische Gott der Wege und Grenzübergänge, der Reisenden, der Kaufleute, der Diebe und Taschenspieler, der Diplomaten und neuerdings der Psychotherapeuten, seine schwierigen Aufgaben nur mit Hilfe seines listigen Verstandes und seiner Freiheit moralischen Bedenken gegenüber lösen kann, so hat auch das Schneiderlein keine Probleme damit, Tricks einzusetzen, wenn es der einfachsten Lösung einer Aufgabe dient. Man mag dazu sehr berechtigte moralische Einwände haben, muß aber auch sehen, daß Tricks zuweilen dem Leben angemessener sind als manche »tödlichen« Wahrheiten und Ausdruck menschlicher Weisheit sein können.

Wenn wir das Trickster-Schneiderlein als einen Aspekt in jedem einzelnen von uns ansehen, dann kommt es darauf an, es in uns zu erkennen und es so einzusetzen, daß es nicht unbezogen und destruktiv und damit lebens- und menschenfeindlich wird. Vielmehr sollen seine Einfälle und Impulse mit dazu beitragen, uns aus festgefahrenen und anscheinend ausweglosen Situationen eben nicht mit Gewalt, sondern mit »sanften« und zugleich kreativen Lösungen zu befreien. Um die Eskapaden unseres Tricksters in den für uns und unsere Mitmenschen notwendigen Grenzen zu halten, bedürfen wir natürlich der Moral; aber eine allzu starre, an den alten, überlieferten Werten und Normen orientierte Moral würde die uns von ihm verliehene Spontaneität, Originalität und Lebendigkeit abtöten. Er fordert von uns, eine eigene, eine autonome Moral zu finden, die zwar nicht unsere Mitmenschen schädigt, an der wir aber wachsen und die mit uns wächst.

Lebenskunst
aus Leibeskräften

*An einem Sommermorgen saß ein Schneiderlein auf
seinem Tisch am Fenster, war guter Dinge und
nähte aus Leibeskräften.*

Gleich im ersten Satz unseres Märchens finden wir
wesentliche Elemente der Lebenskunst, wie sie
uns vom Schneiderlein vermittelt wird, zusammengefaßt: Lebensoffenheit, Lebensfreude und Lebens-
sinn. Er spiegelt auch sehr treffend die Grundhaltung
und Grundstimmung des Schneiderleins wider, die es
selbst bei seinen teilweise sehr gefährlichen Abenteu-
ern niemals verliert. Und schließlich können wir diesen ersten Satz als einen Hinweis auffassen, wie das
Märchen insgesamt zu sehen ist, nämlich als eine
sonnige, heitere Geschichte mit ironisch-satirischen
Untertönen.

Das Märchen beginnt an einem Sommermorgen.
Im Kreislauf der Natur und im Leben des Menschen
bezeichnet der Sommer eine Zeit der vollen Kraftent-
faltung, des Auswachsens und Ausdifferenzierens
angelegter Potenzen. Im Lebenssommer des Menschen, der etwa von seinem 25. bis zu seinem
50. Lebensjahr reicht, finden biologische Vitalität und
intellektuelle Fähigkeiten ihren Höhepunkt. Aber

unweigerlich und gerade wegen des jetzt erstmals möglichen Erlebens persönlicher Fülle und Macht taucht auch die bange Frage nach der Grenze und dem Schwinden dieser Kraft auf, erst leise, kaum vernehmbar, dann zunehmend nachdrücklicher und irritierender. Man beginnt zu verstehen, was Montesquieu meinte, als er sagte: »Wie schade, daß so wenig Raum ist zwischen der Zeit, wo man zu jung, und der, wo man zu alt ist!« Man kann den mit dem bedrohlichen Schatten der Einschränkung und der Schwäche verbundenen Zweifeln und Fragen zwar noch sehr leicht durch gesteigerte Aktivität, Flucht in Verpflichtungen und Verantwortlichkeiten und andere Ablenkungsmanöver entgehen und sich so die Illusion der andauernden Stärke bewahren, nimmt sich damit aber eine wertvolle Chance der Lebensvertiefung. Gerade durch die Auseinandersetzung mit der eigenen Beschränkung und Endlichkeit, durch die Einsicht, daß das Leben nicht ständig so weitergehen kann, und durch die zunehmende Bewußtheit darüber, daß der Tod unser treuer Begleiter ist, kann eine neue, früher ungeahnte Erlebensdimension gewonnen werden.

Der Tod kann dabei zu einem wahren Lehrmeister der Lebenskunst und Lebensweisheit werden, weil er uns beständig auffordert, das Wesentliche vom Unwesentlichen zu unterscheiden. Die Frage nach dem, wie man denn sein Leben gestalten soll, damit es Sinn, Befriedigung und Freude erhält, stellt sich verstärkt dann, wenn man wahr- und ernst genommen hat, daß es auch einmal enden wird. Das ist in der Regel frühestens im Lebenssommer der Fall, nachdem sich die Irrungen und Wirrungen, die Ängste und Hoffnungen, die Illusionen und realen Möglichkeiten, die Anstrengungen, Erfolge und Enttäuschungen des Lebensfrühjahrs etwas geklärt und beruhigt haben, man etwas Lebenserfahrung gewonnen hat und in der Lage ist, einen kleinen Schritt zurück zu tun, um sich seine Situation mit etwas mehr Distanz, Gelassenheit und Ruhe zu betrachten.

Lebenskunst setzt also Lebenserfahrung und das ernstliche Annehmen der eigenen Lebensendlichkeit voraus, weil dadurch der Blick aufs eigene Leben objektiver und realistischer wird und sich auf das Wesentliche richtet. Dazu paßt ganz gut, daß unser Märchenheld vermutlich bereits ein etablierter Schneider-Meister ist und kein Kind oder Geselle wie in anderen Märchen. Trotz einiger recht naiver und jugendlicher Züge erweist er sich, wie wir später noch sehen werden, als ein Meister der Beschränkung. Er vermag mit sparsamsten Mitteln größtmögliche Wirkungen zu erzielen. Das ist nur möglich, wenn man auf das Wesentliche zu schauen vermag.

Das Stichwort »Sommer« ist aber für die Lebenskunst noch aus einem anderen Grunde von Belang. Es könnte uns darauf hinweisen, daß Lebenskunst die Kunst ist, jede Lebensphase als »Höhe des Lebens« wahrzunehmen und den in jeder Lebensstufe enthaltenen Sinngehalt zu realisieren. Durch die in unserer Gesellschaft vorherrschenden Werte der Stärke, Macht und Größe, die vom einzelnen – wenn überhaupt – nur während weniger Jahre seines Lebens erfahren werden können, werden die anderen Lebensphasen ihres Sinnes und ihrer Möglichkeiten beraubt. Das Kind erlebt seine Kindheit immer nur im Hinblick und als Vorbereitung auf das Erwachsenendasein. Dadurch werden ihm die Besonderheit, der Reiz und die Schönheit seines Kindseins genommen, wie zum Beispiel seine Fähigkeiten zur kreativen Phantasie und spontanen Lebensoffenheit, zur spielerischen Sinnlichkeit und Lebensfreude. Der Alternde hingegen hält verkrampft und mit zunehmender Resignation an den Werten der Leistung, des Erfolgs und der Fitneß fest. Er vermag in seinen besonderen Vorzügen – seiner Lebenserfahrung, seiner Gelassenheit, Weisheit und seinem Humor –, die ihm einen Zugang zu den großen Lebensfragen ermöglichen könnten, nichts zu sehen, was seinem Leben Erfüllung und Würde verliehe.

Lebenskunst heißt nun, den Sommer, die Fülle des Lebens, in jeder Altersstufe und auch in jedem Augenblick wahrzunehmen und zu verwirklichen, so gut es einem möglich ist.

Unser Schneiderlein sitzt an einem Sommermorgen auf seinem Tisch am Fenster. Zunächst hat dieser sonnige Arbeitsplatz natürlich seine ganz praktischen Gründe. Er bietet optimale Lichtverhältnisse für die diffizile Arbeit des Schneiders. Symbolisch betrachtet offenbart er aber auch einige überraschende Aspekte zur Lebenskunst, die man so zusammenfassen könnte: Lebenskunst ist, wenn man sich einen sonnigen Fensterplatz zu verschaffen weiß.

Die Fenster und Türen eines Hauses sind die Grenzbezirke und Übergangsbereiche, wo sich die sonst verborgene Innenwelt des Hauses der Außenwelt gegenüber öffnet. Fenster ermöglichen nicht nur Einblicke, sondern auch Ausblicke. Von ihnen aus kann – manchmal nur neugierig-verstohlen hinter tarnender Gardine, manchmal offen-demonstrativ über die Fensterbrüstung gelehnt – Kontakt mit der Außenwelt aufgenommen werden, ohne daß die Sicherheit des Hauses verlassen werden muß. Wir sind auf die Beziehung und den Austausch mit unserer Umwelt angewiesen. Unsere Augen, die Fenster unserer Seele, bedürfen der Wahrnehmung der Formen und Farben des Lebendigen. Wie froh sind wir, wenn wir nach langer, dunkler, vielleicht schwerer Nacht endlich wieder die Strahlen der Sonne erblikken können! Mit zu den grausamsten Torturen der »Gehirnwäsche« gehört es, den Gefangenen tagelang in einen engen, dunklen, fensterlosen Raum einzusperren, um ihm dadurch auch seine innere Orientierungsfähigkeit und Identität zu nehmen.

Deshalb sind die Fensterplätze im Bus, in der Eisenbahn, im Flugzeug und Schiff so begehrt. Dort können wir teilnehmen an der Schönheit und Vielfalt des Lebens. Lebenskunst heißt, sich einen – möglichst offenen – Fensterplatz zu verschaffen. Dazu bedarf es nicht des Geldes oder der Ellenbogen, sondern einer veränderten Einstellung, auf das Leben zu schauen. Fensterplätze gibt es überall und jederzeit, für jeden Menschen sind genügend vorhanden, man muß nur lernen, sie wahrzunehmen. Wo man sich für das Neue, das Unbekannte, das Lebendige und für seine Mitmenschen offen und empfänglich hält, hat man einen Fensterplatz gefunden. In der folgenden Parabel wird dieses einfache Geheimnis der Lebenskunst wunderschön dargestellt.

Ein Einsiedler, der wegen seiner Lebensfreude

weit bekannt ist, wird von einem Mann in seiner kleinen, dunklen Höhle aufgesucht. Der Mann will wissen, was denn das Geheimnis seines Glücklichseins sei. Darauf führt ihn der Einsiedler zu einer kleinen Öffnung, durch die ein spärlicher Lichtstrahl in die Höhle fällt. Dann sagt der Einsiedler zu dem Mann: »Das Geheimnis ist: Wenn man mit seinem Auge nahe genug an diese Öffnung geht und den Kopf dreht, dann kann man etwas von dem blauen Himmel sehen!«

Der Einsiedler hat also einen sehr bescheidenen, aber für sein Glück ausreichenden Fensterplatz gefunden, der ihm täglich bewußt macht, daß sein einfaches Da-Sein Grund genug zur Freude am Leben ist.

Am Fenster sitzen heißt auch, ganz bei sich selbst und gleichzeitig offen für das Leben zu sein. Es ist ein Ort der Mitte, wo Außen und Innen, Öffentlichkeit und Intimität, Extraversion und Introversion sich berühren und im Ausgleich sind. Aber diese Mitte ist kein statischer Zustand, sondern eine dynamische Bewegung. Da wird es zuweilen nötig sein, das Fenster zu schließen, um die Dinge des Lebens aus gebührendem Abstand oder schützender Distanz zu beobachten. Ein anderes Mal wird es sogar nötig sein, die Fensterrolläden herunterzulassen, damit das, was im Geheimen des Inneren geschieht, nicht durch allzu grelles Licht und öffentliche Einmischung gestört wird. Wieder ein anderes Mal wird man vom Fenster aus die Außenwelt herauf- und hereinwinken, und schließlich wird man auch einmal seinen Fensterplatz verlassen und in die Welt hineingehen müssen, will man nicht in einer lebensfernen »Von-oben-herab«-Haltung erstarren. Wie wir bald erfahren, fühlt sich auch unser Schneiderlein dazu veranlaßt, seinen Fensterplatz aufzugeben, um sich in der Welt »zu versuchen«. Dennoch hat man den Eindruck, daß es während des ganzen Märchens seinen inneren Fensterplatz und seine ihm gemäße Mitte selbst bei den gefährlichsten Unternehmungen weitgehend bewahrt. Vermutlich liegt hierin der Grund, warum wir es ständig bei guter Laune antreffen und es seinen Optimismus nie verlieren sehen. Wer in seiner Mitte ist, hat gut lachen.

Aber auch das Umgekehrte ist möglich. Man kann sich seiner Mitte annähern, indem man den Weg des Humors geht. Lebenskunst ist zwar nicht die Kunst, immer »guter Dinge« zu sein wie unser Schneiderlein im ersten Satz des Märchens, aber doch in hohem Maße die Kunst des Humors. Dieser Weg zur Mitte scheint in vielen west-östlichen Methoden der Selbstverwirklichung und in den patriarchalen Religionsformen weitgehend unbekannt zu sein. Diese sind mehr oder weniger problem- und konfliktorientiert; sie sehen das Leben vornehmlich unter dem Aspekt des Ernstes, des Leidens, der Anstrengung, des Opfers und der schweren Verantwortlichkeit und weniger unter dem Aspekt der Freude, der Kreativität und des Humors.

Sicherlich gibt es viele Formen der Heiterkeit, des Lustig- und Witzigseins, die eine Flucht und eine Abwehr tieferliegender Ängste, Komplexe und gegenteiliger Gefühle darstellen, und es ist sehr wichtig, die hinter solchen Heiterkeitsäußerungen liegenden inneren Nöte, die Enttäuschung und Verzweiflung, die Bitterkeit und Aggression wahrzunehmen. Aber wir sollten nicht der Gefahr erliegen, bei allem Verständnis für die möglichen Hintergründe des menschlichen Humors diese weise und befreiende Eigenschaft des Menschen wegzurationalisieren, sondern uns gegenseitig ermuntern, sie zu erwecken und zu kultivieren.

Humor ist eine mächtige und heilsame Magie. Seine Wirkung beruht darauf, daß er uns aus unserer Ichverkrampfung, Ichverspannung und Ichbefangenheit erlöst, uns für einen kurzen Moment mit unserer Mitte verbindet und uns dadurch einen erweiterten, objektiveren Standpunkt finden läßt. Wer hat nicht schon erlebt, wie eine unerträglich belastende Situation durch eine einfache, humorvolle Bemerkung auf wundersame Weise verwandelt wurde? Wo vorher Härte, Aggressivität und Angst die Beziehungsatmosphäre vergiftet haben, wird sie nun von menschlicher Wärme, Versöhnlichkeit und Hoffnung erfüllt. Im humorvollen Austausch und Lachen können wir uns ein Stück weit so geben, wie wir wirklich sind – jenseits unserer Rollenspiele und Fassaden –, und erfahren, daß der andere Mensch auch nicht viel anders ist als man selbst: ein menschlich-allzumenschlicher Mensch. Hier können wir auch den Unterschied zwischen Humor und dem amerikanischen »Keep smiling« oder dem asiatischen »Immer nur lächeln« erkennen: Während Humor den akzeptierenden Zugang zum eigenen Wesen und eine Vertiefung der menschlichen Beziehung ermöglicht, dient das andere einer Tarnung der eigenen Befindlichkeit und einer Verflachung der mitmenschlichen Kommunikation.

Im Humor fließen alle wesentlichen Elemente der

Lebenskunst zusammen – Menschenkenntnis, Selbsterkenntnis, Toleranz, Gelassenheit, Lebensfreude und Liebe – und bilden ein einzigartiges magisches Lebenselixier.

Leider versuchen oder verstehen es nur wenige, sich dieses Elixier mit seiner in allen Lebensbereichen erfahrbaren wunderwirkenden Kraft zu brauen. Da wir gerade in solchen Situationen, in denen wir dabei sind, uns zu großer Wichtigkeit, Bedeutsamkeit und Ernsthaftigkeit aufzublasen, unseren Humor am nötigsten hätten, ihn aber am wenigsten besitzen, ist es natürlich sehr schwer, ihn zu üben.

Gelegentlich ist es nützlich, sich rechtzeitig ein humorvolles Symbol oder eine lustige Erinnerung einfallen zu lassen. Ich denke häufig an eine Fabel, die mich als Kind sehr beeindruckt hat: Ein Frosch möchte so groß wie ein Ochse sein und bläst sich so lange auf, bis er platzt. Ich stelle mir dann in einem der obengenannten Fälle so plastisch wie möglich vor, wie ich dabei bin, mich mit großer Anstrengung aufzublasen. Meist muß ich dann innerlich lachen, und die Situation entspannt sich. Gelegentlich fällt mir auch eine nette Begebenheit ein, in der ein kleiner Junge bitterlich und untröstlich weinte, weil seine neue Badehose, auf die er so stolz war, beim Baden naß geworden war. Noch lange hinterher konnte er sich kaum beruhigen, mußte zu allen möglichen Leuten hinlaufen und ihnen zur Selbstbestätigung sagen, daß eine Badehose ja naß werden dürfe. Seither sage ich mir, wenn mir bewußt wird, daß ich wieder einmal allzu verbissen auf meinem Recht beharre, mich zu ärgern: »Dir ist wohl wieder deine Badehose naß geworden!« Manchmal hilft's. Eine andere ähnliche Erinnerung geht auf mein Bemühen zurück, kurz vor der Grenze zum Ausland noch ein Nationalitätenkennzeichen möglichst sauber und akkurat auf die Heckklappe meines Wagens aufzukleben. Wie man sich vorstellen kann, war mein Bestreben, die Sache so perfekt wie möglich zu machen, mit dem Erfolg gekrönt, daß unter dem Aufkleber eine deutliche Luftblase verblieb. Dank fehlender Nadel und vorhandener Faulheit »erfreute« mich die Blase während des ganzen Urlaubs mit ihrer Existenz. Seither interpretiere ich mir die kleinen Mißgeschicke des Alltags als Blasen, die das Leben so mit sich bringt. Manches läßt sich dadurch leichter vergessen.

Unser Schneiderlein scheint jedenfalls eine gehörige Portion Humor zu besitzen. Ohne ihn hätte es sicherlich nicht seine durchaus gefährlichen Abenteuer mit solch listenreicher Gelassenheit überstehen können.

Aber noch ein letztes wollen wir dem ersten Satz des Märchens entnehmen. Wir erfahren, daß das Schneiderlein »aus Leibeskräften« nähte. Das ist eine ironische Anspielung auf die körperliche Schwäche des Schneiderleins, für das schon das Nähen eine körperliche Anstrengung bedeutet. Gleichzeitig soll uns damit auch etwas besser verständlich gemacht werden, wieso ihm später das Erschlagen der sieben Fliegen auf einen Streich tatsächlich wie eine Heldentat vorkommt. Es ist eine Karikierung der körperlichen Leichtigkeit, Schmächtigkeit und Kränklichkeit, die man dem Schneider früher tatsächlich zuschrieb. Seine Schwächlichkeit führte man übrigens auf mangelnde Nahrung, auf seine Stubenhockerei und den fehlenden körperlichen Ausgleich zurück[2]. Wenn unser Schneiderlein aus Leibeskräften näht, dann können wir dies in Anbetracht seines sommerlichen Platzes und seiner guten Laune auch so verstehen, daß er mit seinem ganzen Herzen bei der Sache ist. Das ist nun ein Aspekt der Lebenskunst, den wir in unserer Kindheit alle beherrschten, den die meisten von uns aber verloren haben. Durch eine neugier- und kreativitätshemmende Erziehung, durch stures Einpauken-Müssen von Wissensstoff, der nur zum geringen Teil einen Bezug zur Lebenswirklichkeit und zum Alter des Schülers hat, durch die schon fast sprichwörtliche Entfremdung am Arbeitsplatz, durch Leistungsüberforderung, äußeren (Lärm, Zeit- und Termindruck) wie inneren (Ehrgeiz, Perfektionismus) Streß haben wir verlernt, uns auf die Dinge, die wir jeweils tun, ganz einstellen zu können. Unsere jeden Arbeitsgenuß zerstörende Parole lautet, soviel wie möglich in kürzester Zeit zu tun. Dadurch können wir uns innerlich nicht entspannen und loslassen. Aber ein wirklich befriedigendes und schöpferisches Einlassen auf eine Tätigkeit erfordert die Fähigkeit des Loslassens, damit sich Herz und Verstand unbelastet von anderen Inhalten ganz ihrer Aufgabe hingeben können.

So sind Langeweile, Desinteresse, Konzentrationsschwierigkeiten, Depressionen im beruflichen und familiären Alltag ständig im Zunehmen. Ohne eine tiefgreifende Änderung unseres Erziehungssystems, unserer Arbeitswelt und unserer Lebenswerte scheint sich da nichts bessern zu können. Und doch gibt es Menschen, die selbst sehr monotone und routinemäßige Arbeit mit Freude und Befriedigung verrichten. Was ist ihr Geheimnis?

Beppo, der Straßenkehrer aus Michael Endes Roman »Momo«, gibt uns einen Hinweis: »›Siehst du, Momo‹, sagte er dann zum Beispiel, ›es ist so: Manchmal hat man eine sehr lange Straße vor sich. Man denkt, die ist so schrecklich lang; das kann man niemals schaffen, denkt man.‹ Er blickte eine Weile schweigend vor sich hin, dann fuhr er fort: ›Und dann fängt man an, sich zu eilen. Und man eilt sich immer mehr. Jedesmal, wenn man aufblickt, sieht man, daß es gar nicht weniger wird, was noch vor einem liegt. Und man strengt sich noch mehr an, man kriegt es mit der Angst, und zum Schluß ist man ganz außer Puste und kann nicht mehr. Und die Straße liegt immer noch vor einem. So darf man es nicht machen.‹

Er dachte einige Zeit nach. Dann sprach er weiter: ›Man darf nie an die ganze Straße auf einmal denken, verstehst du? Man muß nur an den nächsten Schritt denken, an den nächsten Atemzug, an den nächsten Besenstrich. Und immer wieder nur an den nächsten.‹ Wieder hielt er inne und überlegte, ehe er hinzufügte: ›Dann macht es Freude; das ist wichtig, dann macht man seine Sache gut. Und so soll es sein.‹«[3]

Zwei einfache Dinge sind es, die fast zu trivial erscheinen, aber dennoch das Geheimnis befriedigender Tätigkeit ausmachen. Das erste ist, daß man sich für die Sache, die man gerade tun will, auch wirklich entscheidet. Viele Menschen rauben sich einen Großteil ihrer Energie durch eine ständige ambivalente Haltung: »Soll ich nun aufstehen oder nicht? Soll ich mir noch ein Stück Kuchen nehmen oder nicht? Soll ich nun die Fenster putzen oder nicht?« So geht es den ganzen Tag selbst bei den einfachsten Entscheidungen. Haben sie sich dann für etwas entschieden, dann machen sie innerlich mit ihrer Ambivalenz weiter: »Wäre es nicht doch besser gewesen, wenn...« Auf diese Weise zerstören sie sich systematisch jede Spontaneität und Arbeitsfreude. Deshalb ist es besser, sich innerlich für eine Sache zu entscheiden und dann jeden weiteren inneren Dialog zu beenden. Das zweite ist, daß man sich vornimmt, die Sache, für die man sich nun entschieden hat, so gut und ganz wie möglich zu tun. Wir können uns dabei zum Beispiel vorstellen, daß unsere momentane Aufgabe eine Lieblingsbeschäftigung von uns ist oder das Wichtigste darstellt, was wir jemals gemacht haben. Dieser Trick des »Tun-als-ob« wird uns noch einmal im Kapitel über die sanfte Kunst der Umdeutung begegnen (S. 86).

Einige Leser werden jetzt vermutlich kritisch einwenden: »Ich kann doch nicht einfach so tun, als würde mich eine langweilige Sache interessieren. Da mache ich mir doch nur etwas vor. Auf diese Weise verdränge ich die Realität, wie sie tatsächlich ist!« Aber wie ist die »Realität« wirklich? Wieso ist für einen etwas schön, was für den anderen häßlich ist? Wir werden später noch besprechen, daß unser Wirklichkeitserleben in hohem Grade ein Produkt unserer inneren Einstellung ist. Diese Einsicht ist die Grundlage aller Lebenskunst, in der es weniger um eine Veränderung der äußeren Welt geht als um eine Einstellungsveränderung zu ihr.

Stellen wir uns vor, wir hätten das Entleeren unseres Mülleimers zu unserer Lieblingsbeschäftigung auserkoren. Sogleich würden wir viel sorgfältiger und liebevoller mit ihm umgehen. Wir würden vielleicht Einzelheiten an dem Eimer wahrnehmen, die wir noch niemals zuvor bemerkt haben: vielleicht seine Farbe, seine besondere Deckelöffnungskonstruktion, den Inhalt, den Geruch. Dieses neue Wahrnehmen einer altbekannten Sache würde zu neuen Gedankengängen, Phantasien und Einfällen führen, die wir vorher noch niemals hatten. Wir würden vielleicht über Möglichkeiten der Müllverwertung nachdenken, uns für die Funktion eines Müllautos interessieren und uns mit der Tätigkeit der Müllmänner beschäftigen. Vielleicht würden wir sogar in Anbetracht des Mülls über die Wandlungen und die Vergänglichkeit des Lebens philosophieren und entdecken, daß uns der Müll alle wesentlichen Geheimnisse des Lebens offenbart...

Für solche Übungen braucht man allerdings etwas Experimentierfreude, Lockerheit und Humor, damit sie nicht zu anstrengend sind und Spaß machen. Wir müssen uns zugestehen können, daß wir nur so tun als ob. Wir werden dann aber auch entdecken, daß unsere Handlungen, wenn wir uns nur ganz auf sie einlassen, viele neue Aspekte und Möglichkeiten offenbaren, die uns vorher verborgen geblieben sind, so daß wir auf diese Weise auch Ansätze finden, unsere Einstellung zur Sache oder die Sache selbst zu verändern. Das Annehmen und Einlassen ist die Voraussetzung zur kreativen Wandlung. So sind es diese drei Dinge, die wir als erstes von unserem Schneiderlein lernen: unsere Mitte zu bewahren, das, was wir jeweils tun, so gut wie möglich zu tun, und beides durch Lust und Humor miteinander zu verbinden.

Schneider machen Leute

Nachdem wir eben einige lebenskünstlerische Eigenschaften des Schneiderleins kennengelernt haben, wollen wir uns noch kurz überlegen, was sich denn für unser Thema Wichtiges aus seinem Beruf herausfinden läßt.

Wir hörten ja bereits, daß man dem Schneider früher körperliche Schwächlichkeit und Schmächtigkeit zuschrieb. Daraus läßt sich seine Berufswahl erklären, denn das Schneiderhandwerk erfordert keine großen Körperkräfte. Aber es gibt noch einen anderen wichtigen Zusammenhang zwischen seiner Persönlichkeitsstruktur und seiner Berufswahl. Die Kunst des Schneiders liegt darin, aus seinen Kunden mit Hilfe der von ihm gefertigten Kleidungsstücke »Leute« zu machen. Er vermag einen einfachen Mann in einen noblen Herrn, eine Frau in eine Dame, einen Dicken in einen imposanten Stattlichen, einen Dünnen in einen Athleten und einen Gauner in einen Gentleman mit weißer Weste zu verwandeln. Er beherrscht die Kunst des trügerischen schönen Scheins, die Kunst der Maskerade und der Fassade.

Eine »gut sitzende« Persona – in der Analytischen Psychologie wird die Maske, die wir tragen, um nach außen hin einen bestimmten Eindruck zu erwecken, und werden die Rollen, die wir übernehmen, um eine soziale Funktion zu erfüllen, als »Persona« bezeichnet – ist für unsere seelische Gesundheit und für das reibungslose Funktionieren gesellschaftlicher Beziehungen ebenso notwendig wie gute Kleidung für unsere körperliche Gesundheit. Niemand kann in unseren gesellschaftlichen Breiten dauernd ohne Persona, also nackt, herumlaufen, ohne gesundheitliche Schäden und soziale Störungen zu verursachen.

Problematisch aber wird es, wenn wir uns mit unserer Persona identifizieren, also ganz mit unserer Maske verschmelzen und völlig in unserer sozialen Rolle aufgehen, weil dabei unsere individuelle Persönlichkeit erstickt. Masken und Rollen haben immer etwas Kollektives – schließlich dienen sie ja unserer kollektiven Anpassung –, etwas Starres und Festgelegtes, so daß sie, wenn sie zu fest sitzen, Wachstum und Wandlung des Menschen einengen oder ganz verhindern, was gleichbedeutend mit seelischem Tod wäre. Ein Lehrer, der mit seinem Notenbuch, ein Pfarrer, der mit seinem Talar, und ein Psychotherapeut, der mit seinem Sessel verwachsen ist, kann keine große Hilfe für seine Mitmenschen sein, weil es zu keiner wirklichen Begegnung mehr kommt. Ebensogut, wenn nicht sogar besser – wegen größerer Datenverfügbarkeit –, könnte seine Funktion von einem gut programmierten Computer übernommen werden.

Je mehr die Persona, also das, als was wir nach außen hin erscheinen wollen, sich von dem unterscheidet, was wir wirklich sind, um so mehr steigen unsere Unsicherheit und Angst. Deshalb haben solche Menschen häufig eine hintergründige Furcht, sie könnten irgendwie »erwischt« oder »entlarvt« werden. Diese Furcht ist sehr verständlich, spüren sie doch halbbewußt, daß zwischen ihrem meist hohen äußeren Anspruch und ihrer inneren Wirklichkeit eine große Diskrepanz besteht. Sie fürchten, daß sie, wenn sie die Maske fallen ließen, nicht mehr geliebt und akzeptiert würden. Dies kann zu einem schwer zu durchbrechenden Teufelskreis führen: Weil man sich als schwach, unsicher und verletzlich erlebt, versteckt man sich hinter einer starken, großartigen Fassade. Diese aber wiederum verstärkt die Unsicherheit, so daß man glaubt, seine Fassade weiter ausbauen zu müssen. Besitztümer und Luxusgüter, Status- und Prestigesymbole wie Haus, Auto, aufwendige Urlaubsreisen, Schmuck, Geld und teure Kleidung, Titel, Orden, Ämter und Würden können dazu verwendet werden.

Nicht zufällig also haben die Märchen-Schneider, die als klein und schwächlich beschrieben werden, gerade diesen Beruf gewählt, der ihnen und anderen dazu verhelfen kann, tüchtig aufzuschneiden, und nicht zufällig neigen sie häufig dazu, mehr scheinen zu wollen, als sie sind. Manchem Schneider im Märchen ist seine Prahlerei schlecht bekommen. Auch unser tapferes Schneiderlein gerät in manch schwierige und bedrohliche Lage, weil es den Mund zu voll nimmt.

Dennoch aber unterscheidet es sich von seinen Kollegen insofern, als es tatsächlich beachtenswerte und nicht nur eingebildete Fähigkeiten besitzt und sich auch nicht, wie wir noch sehen werden, völlig mit seiner Wichtigtuer-Persona identifiziert, sondern meist ganz gut spürt, wo seine wirklichen Stärken und Schwächen liegen.

In mancher Hinsicht lassen sich die lebenskünst-
lerischen Fähigkeiten des Schneiderleins aus seinem
Beruf ableiten. Da es tagaus, tagein damit beschäftigt
ist, Menschen dazu zu verhelfen, einen guten äußeren
Eindruck zu machen, indem es Einseitigkeiten aus-
gleicht, Mängel korrigiert, Schwächen überdeckt und
Stärken hervorhebt, wird es ein Menschenkenner. Es
weiß von ihren Ängsten, Befürchtungen, Kleinlichkei-
ten und Eitelkeiten, es lernt hinter ihre Fassaden zu
schauen und ihre wahren Beweggründe zu erkennen.
Später ist es deshalb fähig, in so souveräner Weise mit
den Riesen, dem Einhorn und dem Wildschwein
umzugehen, weil es deren Schwächen kennt und aus-
nutzt. Es ist mit den Prinzipien der Täuschung und
Selbsttäuschung vertraut, so daß ihm andere wenig
vormachen können, es wenig manipulierbar ist und ein
hohes Maß an Autonomie besitzt. Sein Beruf macht es
diplomatisch, anpassungsfähig, einfühlsam, aber
natürlich auch berechnend und hinterlistig. Weil es
beide Seiten der menschlichen Natur sieht, die helle
und die dunkle, und sich selbst aus dieser tragikomi-
schen Gegensätzlichkeit gar nicht überheblich heraus-
nimmt, sondern voll mitspielt, verfügt es über Toleranz, Menschenfreundlichkeit und Humor. Schließlich, und auch das lehrt es sein Beruf, vermag es sich
jeweils für den schöneren und freudvolleren Aspekt
des Lebens zu entscheiden und ihn zu kultivieren,
ohne die Relativität des Daseins aus dem Auge zu
verlieren.

Das verführerische Mus

Da kam eine Bauersfrau die Straße herab und rief: »Gut Mus feil! Gut Mus feil!« Das klang dem Schneiderlein lieblich in die Ohren, er steckte sein zartes Haupt zum Fenster hinaus und rief: »Hier herauf, liebe Frau, hier wird sie ihre Ware los.« Die Frau stieg die drei Treppen mit ihrem schweren Korbe zu dem Schneider herauf und mußte die Töpfe sämtlich vor ihm auspacken. Er besah sie alle, hob sie in die Höhe, hielt die Nase dran und sagte endlich: »Das Mus scheint mir gut, wieg sie mir doch vier Lot ab, liebe Frau; wenn's auch ein Viertelpfund ist, kommt es mir nicht drauf an.« Die Frau, welche gehofft hatte, einen guten Absatz zu finden, gab ihm, was er verlangte, ging aber ganz ärgerlich und brummig fort.

Diese Szene könnte einem Lehrbuch für Selbstsicherheit entnommen sein. In solchen Büchern kann man etwa folgende Aufgabe finden: »Gehen Sie in ein Geschäft und fragen Sie nach einem bestimmten Gegenstand. Lassen Sie sich diesen Gegenstand vorlegen, erkundigen Sie sich nach entsprechenden Einzelheiten, danken Sie dem Verkäufer für seine Hilfe und verlassen Sie das Geschäft, ohne den Gegenstand gekauft zu haben.«

Eine solche Übung ist für Menschen gedacht, die schlecht etwas für sich selbst fordern können, nicht wagen, »Nein« zu sagen, und immer glauben, sie müßten mehr geben, als sie bekommen. Das Schneiderlein hat damit offenbar keine Schwierigkeiten. Es gehört schon eine Menge Selbstsicherheit – und ich finde, auch eine gute Portion Unverschämtheit – dazu, jemanden mit großer Geste »Hier wird sie ihre Ware los« zu sich heraufzurufen, pedantisch alle Töpfe zu inspizieren, an ihnen zu riechen und schließlich nur eine winzige Menge zu kaufen.

Vermutlich wäre das Schneiderlein aber sehr erstaunt gewesen, hätte man es irgendeiner unfreundlichen Unverschämtheit bezichtigt. Der Schneider galt früher als arm. Er hatte meist Schwierigkeiten, seine Rechnungen einzutreiben, er wurde oft abgewiesen und dazu noch verspottet[4]. So waren die wenigen Gramm Mus für unser Schneiderlein vielleicht sogar ein Luxus, so daß es für das sorgfältige Untersuchen der Musqualität ausreichend Recht hätte beanspruchen können.

Die meisten von uns haben ein sehr feines Gespür dafür entwickelt, wann Leistung und Gegenleistung sich in ausgewogenem Zustand befinden. Wir haben von früh auf gelernt, daß es für unsere sozialen Beziehungen gut ist, etwas zu geben, wenn wir etwas genommen haben, und auch etwas anzunehmen, wenn wir etwas gegeben haben. Leider hat sich durch eine einseitige Interpretation der christlichen Aufforderung zur Nächstenliebe dieses sehr gesunde Ausgleichsprinzip zu unseren Ungunsten verschoben. Wir stehen unter dem Druck, dem anderen stehe mehr zu als uns selbst, und verraten damit ständig unsere eigenen Bedürfnisse. Das führt dazu, daß wir einerseits meinen, überall großzügig bis zur Selbstaufopferung sein zu sollen, andererseits aber Geschenke, Komplimente und Freundlichkeiten gar nicht mehr annehmen können, weil wir in ihnen bereits Manipulationsversuche wittern. Weil wir selbst nicht mehr frei von Herzen schenken können, vermuten wir das gleiche beim anderen. Auch führt das damit verbundene Gefühl, in sozialen Beziehungen immer wieder zu kurz gekommen zu sein oder von anderen nur ausgenutzt zu werden, sehr häufig zu seelischen Störungen, wie zum Beispiel Depressionen und Sucht. Schließlich zerstört diese einseitige Gebe-Haltung unsere Fähigkeit, unsere Mitmenschen zu lieben.

Lieben lernen beginnt mit der keineswegs einfachen Aufgabe, sich selbst zu lieben. Nimmt man sich zutiefst selbst liebend an – was keineswegs zu einem unsozialen Egoismus führt, dahinter steht eher eine Eigendestruktion –, braucht man sich um Nächstenliebe nicht zu bemühen. Sie entsteht von allein.

In unseren heimlichen Manipulationen, wie sie nicht nur von Politikern, Werbeleuten und Verkäufern, sondern tagtäglich auch von uns selbst eingesetzt werden, nutzen wir das Verpflichtungsgefühl häufig geschickt aus. Der Trick besteht darin, daß wir jemandem eine Freundlichkeit erweisen, um die er uns vielleicht gar nicht gebeten hat, und ihn damit unter Druck setzen, uns eine erhoffte Gegenleistung nicht auszuschlagen. So machen es Eltern mit ihren Kindern – im Extremfall: »Ich habe mein Leben für dich aufgeopfert, und nun bist du so undankbar« –, Kinder mit ihren Eltern, Partner miteinander, Verkäufer mit Käufern (Probeangebote, kostenlose Serviceleistungen).

Es ist für uns sehr schwierig, uns solchen Manipulationen zu entziehen, weil das Wiedergutmachungs- und Verpflichtungsgefühl so tief in uns verankert ist. Es gehört ziemlich viel Mut dazu, in solchen Fällen ein entschiedenes »Nein« zu sagen, weil wir damit riskieren, als unhöflich, undankbar und egoistisch abgestempelt zu werden. – Eine ähnliche Manipulationsweise, die häufig in Verbindung mit der beschriebenen auftritt, ist der unterschwellige Appell an unser menschliches Verantwortungsbewußtsein. Es wird uns vermittelt, daß wir unsoziale, hartherzige Menschen sind, wenn wir nicht auf das Manipulationsangebot eingehen. Gerade soziale und auch kirchliche Institutionen (Kollekte, Sammlungen, die möglichst von Kindern durchgeführt werden) arbeiten mit diesem Trick.

Einmal passierte mir folgendes: Es klingelt an der Haustür, und eine reizende junge Dame, die mir gleich recht sympathisch ist, kommt die Treppe heraufgesprungen. Sie lächelt mich ruhig, offen und herzlich an, reicht mir die Hand zur Begrüßung (diese Hexe!) und sagt: »Grüß Gott. Sie sind Dr. Müller?« – »Ja.« – »Ich freue mich, Sie kennenzulernen!« – »Hmm.« – »Sie mögen doch junge Menschen?« – »Ja, . . . wieso?« – »Sie wissen doch, daß viele Jugendliche heute in einer schwierigen Situation sind, weil sie keine Arbeit finden können.« – »Ja, und?« (Spätestens hier fühlte ich mich unwohl, weil ich spürte, daß ich unter Druck

52

gesetzt werden sollte.) – »Viele haben einen guten Schulabschluß und möchten gerne arbeiten, finden aber einfach nichts. Das ist doch schlimm, nicht wahr?« – »Ja, aber warum fragen Sie mich das?« – »Mir und meinen Freunden geht es auch so. Wir sind darauf angewiesen, etwas Geld zu verdienen, und bieten Zeitungsabonnements an. Wir wissen, daß viele Leute etwas gegen Zeitungswerber haben, weil die manchmal mit unehrlichen Tricks arbeiten. Aber ich mache Ihnen da nichts vor: Natürlich, wir wollen etwas Geld verdienen. Wir haben einfach nichts Besseres gefunden als diesen Job, der verdammt schwer ist, weil die meisten Menschen Vorurteile gegen uns haben. Sie könnten uns ein wenig helfen, wenn Sie bei mir ein Jahresabonnement der Zeitschrift bestellen würden, die Sie ohnehin lesen. Das ist für Sie kaum mit Mehrkosten verbunden, da Sie sich die Zeitschrift ja ohnehin regelmäßig kaufen; Sie würden sich den Gang zum Kiosk sparen, und mir wäre auch ein wenig geholfen. Welche Zeitschrift lesen Sie denn regelmäßig?« Es folgt eine Aufzählung gängiger Zeitschriften. Dann schaut sie mich, weiterhin freundlich lächelnd, erwartungsvoll an, läßt mir aber nur kurze Zeit zum Nachdenken, indem sie ihr Auftragsbüchlein öffnet.

Das hatte sie nicht schlecht gemacht, das muß ich sagen. Sie hatte alle Register ihrer manipulativen Kunst gezogen. Sie hatte mit ihrer freundlichen, offenen Art und ihrem Händedruck eine fast private Atmosphäre erzeugt (wer kann schon einem Bekannten oder Freund etwas abschlagen?), sie hatte mir dadurch geschmeichelt, daß sie meinen Namen und Titel nannte und daß sie so getan hatte, als freue sie sich, mich kennenzulernen (sie hatte mir Freundlichkeit gegeben, jetzt stand ich unter dem Druck, ihr wieder etwas zurückzugeben), sie hatte ihre Fragen so gestellt, daß ich ihr zustimmte (wenn man mehrmals »Ja« gesagt hat, ist es später viel schwieriger, »Nein« zu sagen, weil man nicht inkonsequent sein will), sie hatte an mein soziales Mitgefühl Jugendlichen gegenüber appelliert, mir durch ihre Ehrlichkeit vorbeugend den Wind aus den Segeln genommen (so daß ich ihr kein unlauteres Manipulationsmanöver vorwerfen konnte), und sie hatte mir eine verstandesmäßige Erklärung gegeben, gegen die nicht allzuviel einzuwenden ist. (Ich habe bereits einige Zeitschriftenabonnements, hätte auch durchaus noch eine Fernsehzeitschrift abonnieren können.) Die Sache ging folgendermaßen weiter:

Ich spüre einen starken Ärger in mir, weil meine Offenheit und Bereitschaft, ihrem Anliegen zu folgen, von ihr so hinterlistig ausgenutzt worden ist. Ich fühle mich unwohl, weil mir in dieser Drucksituation kein passendes Argument einfällt, um sie loszuwerden. Glücklicherweise fällt mir ein Trick ein, den Smith[5] als »Schallplatte mit Sprung« bezeichnet. Bei diesem Trick beharrt man ständig auf seinem Argument, ohne auf die Argumente des Gegners näher einzugehen oder das eigene Argument näher zu begründen. Ich sage etwas leise, weil es mir wirklich schwerfällt, ihre Bitte abzuschlagen: »Nein, ich möchte kein Abonnement.« – »Aber so ein Abonnement können Sie sich doch bestimmt leisten (Hinterfragung meiner finanziellen Potenz), außerdem haben Sie doch keine Nachteile davon. Bitte überlegen Sie sich

54

das doch noch einmal, Sie würden mir damit wirklich helfen.« – »Nein, ich möchte kein Abonnement.« – Nun schaut sie etwas traurig, mit einer Spur Resignation im Blick (Appell an mein Mitgefühl): »Ich dachte, Sie hätten für Jugendliche etwas übrig und könnten meine Lage verstehen.« – »Ich habe Verständnis für Sie, aber ich möchte kein Abonnement.« – »Warum denn nicht?« – »Ich will kein Abonnement. Ich bin ihnen keine Rechtfertigung schuldig.« Dann versuche ich, ihr entschlossen in die Augen zu schauen. Sie nickt langsam, senkt ihren Kopf ein wenig, so, als wolle sie sagen: »Ich bin traurig, daß Sie so hartherzig sind. Ich bin enttäuscht von Ihnen.« Dann aber rächt sie sich, weil sie bei mir nicht weitergekommen ist. Sie schaut mich jetzt mit verächtlichem Blick an und sagt, bevor sie geht: »Das hätte ich mir ja fast denken können!«

Zum Schluß hatte sie mir also noch eins ausgewischt. Was hatte sie damit gemeint, als sie sagte, daß sie sich das ja fast hätte denken können? Daß finanziell besser gestellte Menschen unsozial und geizig sind? Daß ich so, wie ich aussehe, sowieso keine Großzügigkeit hätte erwarten lassen? Dieser letzte Satz von ihr ließ Raum für alle möglichen Vermutungen, die aus meinem Schuldgefühl stammten. Es dauerte noch eine ganze Weile, bis ich aufhören konnte, mich mit dieser Sache innerlich weiterzubeschäftigen, und bis mir klar wurde, daß das Ganze ein besonders raffiniertes Manipulationsmanöver gewesen war.

Der Handel des tapferen Schneiders mit der Bauersfrau erinnerte mich an mein Erlebnis. Er geht allerdings wesentlich sicherer und souveräner damit um als ich. Man hätte vermuten können, daß er, nachdem er die Bauersfrau die drei Treppen »mit ihrem schweren Korbe« heraufbeordert hat, nun unter dem Druck steht, eine dieser Leistung der Bauersfrau entsprechende Kaufgegenleistung zu erbringen. Aber er nimmt nur so viel, wie er gerade benötigt, und verschwendet keine weiteren Gedanken daran, ob die Bauersfrau mit ihrem Geschäft nun zufrieden ist oder nicht. Wie es typisch für ihn ist, läßt er sich nicht unter irgendeinen moralischen Druck setzen.

Daraus läßt sich für die Lebenskunst folgendes ableiten: Wenn wir innerlich frei sein wollen, unser Leben so zu gestalten, wie es unserem Wesen entspricht, und wenn wir den verschiedenen Manipulationen und Fremdeinflüssen, die auf uns ständig ausgeübt werden, entgehen wollen, dann müssen wir zuerst wissen, was wir wollen, und uns dafür entscheiden. Jemand, der weiß, was er will und was er nicht will, ist schwer zu manipulieren. Das nächste ist, daß man die Mechanismen der Manipulation zu durchschauen versucht. Manipulationen verlieren ihre Wirkung, wenn man sie kennt. Wie wir aus dem Märchen wissen, ist das tapfere Schneiderlein selbst ein Meister der List, der Täuschung und der Manipulation und kann von daher selbst nicht so leicht manipuliert werden. Um ein Kenner der Manipulationstechniken zu werden, genügt es fast schon, wenn man ehrlich und selbstkritisch seine eigenen Tricks und Manöver beobachtet, die man täglich einsetzt, um bei seinen Mitmenschen die verschiedenen Ziele zu erreichen. Es genügt, wenn man sich mit seinem eigenen inneren tricksenden

Schneiderlein vertraut macht, das jeder von uns besitzt, denn wir alle haben ein ziemlich deutliches Gefühl dafür, wann wir mit Tricks arbeiten, um uns Vorteile zu verschaffen. – Und schließlich sollten wir auf unsere Gefühle achten und sie ernst nehmen. Wenn wir uns bei irgendwelchen Interaktionen verwirrt oder unwohl fühlen, ist es gut, zu diesem Gefühl zu stehen, auch wenn es uns unlogisch und inkonsequent erscheint. Man kann dann versuchen, emotionale Distanz zu bekommen, indem man eine Überlegungspause fordert oder alles überschläft. Wir sollten Mut haben, auszusprechen, wenn wir uns manipuliert fühlen, und uns zu keiner Entscheidung drängen lassen, die wir nicht überschauen können.

Die Episode mit der Bauersfrau hat noch einen anderen wichtigen Aspekt. Es wäre ja denkbar gewesen, daß das Schneiderlein entweder aus dem besprochenen Verpflichtungsdruck heraus oder vielleicht, weil es Mus besonders gern mag, sich einen ganzen Topf Mus gekauft hätte. So geht es uns ja auch. Wir lassen uns gerne zum Kauf einer Sache verleiten, die uns als günstige Gelegenheit, als Sonderangebot, einmalige Aktion oder sonstwie schwer erhältlich angeboten wird. Wir möchten so etwas nicht verpassen. Auch haben wir ein starkes Bedürfnis nach sicherer Verfügbarkeit uns wichtig erscheinender Güter, so daß wir dazu neigen, uns einen Vorrat davon anzulegen. Problematisch wird dies dann, wenn wir uns aufgrund dieses Sicherheitsbedürfnisses in Verpflichtungen und Abhängigkeiten hineinbinden lassen, die unser Leben zu sehr festlegen und keine Veränderung mehr zulassen. Es muß sich dabei keineswegs nur um materielle

Güter handeln, es können genausogut Auffassungen und Einstellungen sein, die wir aus Sicherheitsgründen angenommen haben und von denen wir uns nicht mehr trennen können, weil wir zu viel in sie investiert haben. So werden viele Menschen zu Sklaven ihrer materiellen und geistigen Besitztümer. Sie besitzen sie nicht, sondern werden von ihnen besessen. Die Bauersfrau mit ihrem süßen Mus können wir deshalb auch als eine Repräsentantin jener Seite in uns ansehen, die uns mit Hilfe unseres Absicherungsbedürfnisses dazu verführt, uns abhängiger zu machen, als es für uns gut ist. Das Märchen von Hänsel und Gretel, der Hexe und dem Knusperhäuschen, das dieses Problem eindringlich darstellt, ist deshalb nicht nur für Kinder und Menschen gültig, die sich aus dem Bann ihres Mutterkomplexes befreien müssen, sondern für uns alle, die wir allzu leicht bereit sind, uns für das süße Mus der verwöhnenden Sicherheit und Bequemlichkeit in ein Abhängigkeitsgefängnis stecken zu lassen.

Das tapfere Schneiderlein ist dieser Gefahr nicht unterlegen. Es hat sich keinen Vorrat an Mus angelegt und sich so seine Flexibilität bewahrt. Lebenskunst ist die Kunst, sich nur auf die wesentlichen und notwendigen Abhängigkeiten des Lebens zu beschränken. Diese Beschränkung hat nichts mit einem körper-, trieb- und lustfeindlichen Asketismus zu tun, wie wir häufig befürchten, wenn von Beschränkung anderswo die Rede ist. Eine Blume, die uns erfreut, muß nicht gleich gepflückt werden; ein Mensch, der uns gefällt, muß nicht gleich besessen werden; eine Begegnung, die uns beglückt, muß nicht gleich wiederholt oder festgehalten werden. Das Schneiderlein ist durchaus in der Lage zu genießen: Es hat sich die beste Musqualität ausgewählt und hebt sich, wie wir aus dem Märchen wissen, seinen Leckerbissen für den Zeitpunkt auf, wo es seine Arbeit fertiggestellt hat, um ihn dann mit noch größerem Genuß verspeisen zu können. Die Beschränkung, die ja bekanntlich den Meister auszeichnet, ist keine Einschränkung, sondern eine Vertiefung und Intensivierung der Lebensfreude und Lebensqualität.

Die große Erfahrung
und der Gürtel der Macht

Die Fliegen aber, die kein Deutsch verstanden,
ließen sich nicht abweisen, sondern kamen in immer
größerer Gesellschaft wieder. Da lief dem Schneiderlein endlich, wie man sagt, die Laus über die
Leber, es langte aus seiner Hölle nach einem Tuchlappen, und »wart, ich will es euch geben!« schlug
es unbarmherzig drauf. Als es abzog und zählte, so
lagen nicht weniger als sieben vor ihm tot und
streckten die Beine. »Bist du so ein Kerl?« sprach es
und mußte selbst seine Tapferkeit bewundern, »das
soll die ganze Stadt erfahren.« Und in der Hast
schnitt sich das Schneiderlein einen Gürtel, nähte
ihn und stickte mit großen Buchstaben darauf:
Siebene auf einen Streich! – »Ei was, Stadt!«
sprach er weiter, »die ganze Welt soll's erfahren!«
und sein Herz wackelte ihm vor Freude wie ein
Lämmerschwänzchen.

In dieser Szene macht unser Schneiderlein eine
Erfahrung, die sein weiteres Leben tiefgreifend
verändern wird. Es wird sich wortwörtlich mit einem
Schlage bewußt, daß es zu mehr fähig ist, als es bisher
dachte. Der Anlaß dafür erscheint uns lächerlich
genug. Da erschlägt einer sieben Fliegen und bildet

sich ein, das sei eine ungeheure Heldentat. Aber große Entdeckungen werden häufig durch einen scheinbar unbedeutenden Anlaß ausgelöst. Da sitzt einer in der Badewanne und entdeckt das wichtige Gesetz der Wasserverdrängung; da beobachtet einer, wie ein Apfel vom Baume fällt, und entdeckt die Gravitation; da zerbricht einem der mit Wasser gefüllte Holzeimer, und er wird erleuchtet. Häufig stehen die äußeren Anlässe mit der durchbrechenden inneren Erfahrung in einem Sinnzusammenhang. Bei unserem Schneiderlein scheint es nicht zufällig zu sein, daß es gerade *sieben* Fliegen sind. Die Zahl Sieben ist seit jeher eine ganzheitliche, magische Zahl. In den verschiedensten Kulturen tritt sie als Zahl der Vollständigkeit und Totalität auf. Wir kennen die sieben Planeten des Altertums, die sieben biblischen Schöpfungstage, die sieben Wochentage, die sieben Farben des Lichtspektrums, die sieben Töne, die sieben Sakramente, die sieben Tugenden, die sieben Todsünden. Die Redensart: »Er ist siebengescheit« oder »Er ist ein Siebenkünstler«, die sich ursprünglich auf das Studium der sieben Künste bezieht[6], meint, daß sich jemand für besonders gescheit hält oder tatsächlich auch mehr versteht als andere. Wenn einem also etwas gelingt, das sieben Elemente umfaßt, dann ist das eine umfassende Tat. Diese kleine ganzheitliche Tat ist für unser Schneiderlein offenbar ausreichend, um in ihm die Phantasie einer großen ganzheitlichen Tat anzuregen. Aber natürlich verkennt es hier die Realität, denn sieben Fliegen auf einmal zu erschlagen ist keine Heldentat. Offenbar hatte das Schneiderlein in seinem bisherigen Leben nie recht Gelegenheit, sich mit anderen Menschen körperlich zu messen. Vermutlich wird es bei seiner schwächlichen und zarten Konstitution solchen Kräftevergleichen auch aus dem Wege gegangen sein, um sich die Erfahrung zu ersparen, den kürzeren zu ziehen. Deshalb ist seine Einschätzung von Stärke und Schwäche unrealistisch geblieben. Aber für die Wirksamkeit solcher Größenerfahrungen ist es unerheblich, ob sie realistisch sind oder nicht. Es kommt bei ihnen nicht darauf an, wie sie objektiv gesehen wirklich sind, sondern wie sie von der betreffenden Person erlebt werden. Darin liegen ja auch ihre großen Gefahren, die wir später besprechen werden. Hier wollen wir uns zunächst mit den positiven Aspekten von Größenphantasien beschäftigen.

Den meisten Menschen in unserer Gesellschaft wird vom Säuglingsalter bis zum Erwachsensein ständig vermittelt, daß sie so, wie sie sind, nicht in Ordnung sind. Als Kinder werden wir von den Erwachsenen erst dann akzeptiert, wenn wir uns ihren Vorstellungen von dem, wie man als Mensch sein sollte, angepaßt haben. Es wird uns immer wieder klargemacht, daß wir klein, schwach, hilflos und dumm sind, daß wir inkompetent dafür sind, was unsere Triebe, Gefühle, Phantasien und Gedanken angeht. Deshalb sollen wir uns von Erziehern, Lehrern, Fachleuten und anderen Autoritäten sagen lassen, wie wir das Leben zu erleben haben. Durch diesen manchmal sehr gewalttätigen, manchmal sehr subtilen Entmündigungsprozeß werden wir schließlich zu den eingeschüchterten, unkreativen, lebensunfrohen und aggressiven Menschen, die wir sind. Die so in uns erzeugten Minderwertigkeits- und Ohnmachtsgefühle lenken in oft unheilvoller Weise unser Leben: sei es, daß wir weit unter unserem schöpferischen Potential ein ängstlich-depressives, ersatzsüchtiges, sinnentleertes Second-hand-Dasein fristen, sei es, daß wir aus einer verzweifelten Überkompensation heraus Leistung, Größe, Geltung und Macht anstreben, die sich dann schließlich als ebenso sinnleere und selbstentfremdende Werte herausstellen. Alfred Adler hat diese Beziehung zwischen Minderwertigkeitserleben und Machtstreben ins Zentrum seiner Psychologie gerückt.

Gibt es denn nun Möglichkeiten, an unser verschüttetes und ungelebtes Lebenspotential wieder heranzukommen? Der unmittelbarste Zugang besteht darin, in sich hineinzuhorchen, immer wieder in sich hineinzuhorchen und alle Regungen, Gefühle und Phantasien wahrzunehmen, ohne sie zu bewerten. Das ist eine sehr einfache Methode, aber für uns doch sehr schwierig, weil wir uns nicht akzeptieren können, wie wir sind. Die wahrgenommenen Inhalte werden deshalb immer wieder interpretiert, umgedeutet oder weggeschoben, sie können nicht in Ruhe gelassen werden. Hinzu kommt, daß die bisher aus unserem Leben ausgeschlossenen Seiten unserer Persönlichkeit sich häufig in einer Form zeigen, die zunächst fremd, unheimlich und angstmachend ist. Eben weil sie nicht gelebt worden sind, erscheinen sie verwildert, unberechenbar, chaotisch, sind aber auch voller Vitalität, Spontaneität und Begeisterungskraft. Sie können sich in allen möglichen körperlichen wie seelischen Krankheitssymptomen manifestieren, in Angstzuständen, Zwangsvorstellungen, Fehlleistungen und Mißge-

63

schicken, ja selbst in »perversen« Phantasien, kriminellen Handlungen und Alpträumen. – Wenn unser ungelebtes Leben derart massiv in unser Dasein einbricht, ist es natürlich schwer, wenn nicht gar unmöglich, es anzunehmen. Dann ist es gut, einen Menschen bei sich zu haben, der einem hilft, es nicht wieder zu verdrängen, sondern es ernsthaft anzuschauen, es als das verlorene, vielleicht schon lange totgeglaubte Kind liebevoll anzunehmen und es auf seinem weiteren Entwicklungsweg zu begleiten.

Manchmal muß man als Psychotherapeut zusammen mit seinem Klienten lange und geduldig suchen, bis sich das neue Leben, in welch verhüllter Gestalt auch immer, zeigt. Vielleicht gibt es irgendeinen kleinen Lichtblick in einem Traum, vielleicht irgendwo eine geheime Allmachtsphantasie. Viele müssen erst mühsam lernen, mit ihrem inneren Kind in Kontakt zu treten und zu jenem frühen Zustand zurückzukehren, in dem sie noch in der Lage waren, Großes von sich zu erträumen. Sie müssen dem inneren Kind gestatten, seine Phantasietätigkeit wieder aufzunehmen, auch wenn die Resultate dieser Tätigkeit nicht anders als peinlich, albern, unvernünftig oder schrecklich erscheinen. In jeder Kindheitsphantasie steckt ein Stück Kind und damit ein Stück neues Leben, und in jeder Größenphantasie steckt ein Stück Größe und damit ein Stück Hoffnung. Diese müssen entdeckt und verwirklicht werden, wenn das Leben wieder in Fluß kommen soll.

Deshalb können wir uns glücklich schätzen, wenn uns eine solche tiefgehende Erfahrung widerfährt wie dem Schneiderlein, auch wenn ihr Anlaß noch so nichtig und ihr Inhalt noch so überzogen scheint. Entscheidend ist die schöpferische Wirkung, die von ihr ausgeht. Ihre belebende, begeisternde und energetisierende Kraft hängt damit zusammen, daß kurzfristig ein unmittelbarer Kontakt zur eigenen Wesensmitte, zum schöpferischen Zentrum der Persönlichkeit, hergestellt wird. Die Folgen sind ähnlich wie bei unserem Schneider: Hunger und Arbeit sind vergessen, es ist so viel Energie frei geworden, daß er schier nicht weiß, wohin damit, und meint, aller Welt seine Entdeckung mitteilen zu müssen. Wer verstünde nicht, daß ihm sein Herz »wie ein Lämmerschwänzchen« wackelt.

Instinktiv tut er dann gleich etwas sehr Richtiges: Er faßt seine Erfahrung mit der Formel »Siebene auf einen Streich« zusammen und stickt diese mit großen Buchstaben auf einen hastig zurechtgeschneiderten Gürtel. Er gestaltet sich damit sein eigenes »Kraft-Symbol«, das nun in eigenartiger Weise – manchmal gefährdend, manchmal beschützend – sein weiteres Schicksal bestimmt. Bewußtseinsverändernde Erfahrungen, wie sie unserem Schneiderlein zugestoßen sind, haben zwar eine starke energetisierende und motivierende Wirkung, können aber nach einer bestimmten Zeit – besonders unter dem abstumpfenden Einfluß der Alltagsroutine – zunehmend verblassen. Deshalb ist es sinnvoll, sich ein Objekt zu schaffen, das die Essenz der Erfahrung oder Phantasie, die verwirklicht werden soll, symbolisch ausdrückt, so daß man sich an ihm immer wieder neu »aufladen« kann. Die meisten von uns kennen die Wirkung solcher »Kraft«-Objekte. Für den einen ist es ein starker, großer Traum, den er einmal hatte und der ihn immer wieder erneut mit Freude, Hoffnung und Mut erfüllt, sooft er an ihn denkt, für den anderen ist es ein bestimmtes Musikstück, ein Vers, ein Bild, ein kleiner Gegenstand oder eine vorbildliche Persönlichkeit. Denken wir auch an die Souvenirs, die uns an schöne Urlaubstage erinnern sollen. Alles kann zu solchen »Kraft«-Objekten verwendet werden. Sie können gemalt, getöpfert, gedichtet, geschrieben, getanzt und geschneidert sein. Das tapfere Schneiderlein hat sich einen Gürtel hergestellt, was sehr naheliegend ist, da der Gürtel (des Mannes) seit alters aufgrund seiner kreisförmig geschlossenen Form und seiner befestigenden Funktion ein Symbol der Kraft, der Macht und Herrschaft ist. Ein Gürtel kann seinen Träger beschützen und ihn mit magischen Fähigkeiten ausstatten. So besaß der altgermanische Gott Thor einen Kraftgürtel, der seine Kraft verdoppelte, und der Zwergenkönig Laurin gewann durch einen Gürtel die Stärke von zwölf Männern.

Als ich vor ein paar Jahren die alte Cowboy-Stadt Virginia-City besuchte, konnte ich der Versuchung nicht widerstehen, mir einen alten Kindheitswunsch zu erfüllen und mir einen breiten Ledergürtel mit einer großen Adlerkopf-Schnalle aus Messing für meine Jeans zu kaufen. Jedesmal, wenn ich diesen Gürtel umschnalle – mit entschlossenen, markigen Bewegungen versteht sich – und ihn schließe, entfaltet er für eine Weile spürbar seine magische Wirkung. Meine Haltung strafft sich, die Schritte werden ausgreifender und entschiedener, die Hüften wiegender, der Blick fester. Das Bild des einsamen Cowboys und des sich für Recht und Ordnung einsetzenden Western-Helden steigt dann in mir auf und vermittelt mir einen Hauch heroischen Bewußtseins.

Nützlich kann es auch sein, das Ziel oder den Inhalt des Angestrebten in eine auf das Wesentliche konzentrierte Formel zu bringen. Das sogenannte Mentale Training, das in der Mittelstufe des Autogenen Trainings nach I. H. Schultz angewendet wird, bedient sich formelhafter Vorsatzbildungen in ganz ähnlicher Weise wie das tapfere Schneiderlein. Sie werden, nachdem sie zuvor im entspannten Zustand eingeübt worden sind, im Bedarfsfalle wiederholt gedacht – wenn sie sich dann nicht schon automatisch einstellen –, um die Konzentration auf das geplante Vorhaben zu erhöhen und Störfaktoren zu vermindern. Auch das Schneiderlein wiederholt seine Formel: »Siebene auf einen Streich« im Verlauf des Märchens mehrmals, wahrscheinlich nicht nur, um die anderen zu beeindrucken, sondern auch, um sich selbst Mut zu machen.

Wenn wir das Gesagte im Hinblick auf die Lebenskunst zusammenfassen, dann kann dies so formuliert werden: Lebenskunst ist die Kunst, dem unbewußten Potential unseres Wesens gegenüber offen eingestellt zu sein, in welcher Form es auch erscheint. Es ist die Kunst, dieses Potential wahrzunehmen und einer Verwirklichung im Leben zuzuführen. Diese Verwirklichung kann unterstützt werden durch eine symbolhafte Gestaltung und formelhafte Verdichtung des inneren Zieles.

Das neue Leben bricht sich aber nur in seltenen Fällen auf solch nachdrückliche Weise Bahn wie bei unserem Schneiderlein. Viel häufiger macht es sich in eher unscheinbaren oder negativ scheinenden Signalen bemerkbar, so daß es freundlicher Achtsamkeit bedarf, um es überhaupt erkennen zu können.

Freundliche Achtsamkeit meint, daß wir die Impulse unseres Wesens wohlgesonnen, nicht beurteilend und bewertend, sondern zunächst akzeptierend wahrnehmen. Jedesmal, wenn wir eine Gegebenheit oder uns selbst so annehmen können, wie sie unmittelbar ist, wenn wir uns auf sie einlassen können, ohne sie gleich zu interpretieren, und wenn wir uns ein wenig Zeit gönnen, um nachzuspüren, was wir eigentlich wirklich fühlen, denken oder wollen, haben wir eine Chance, dem neuen Leben in uns zu begegnen. Dazu bedarf es keiner Anstrengung, keiner meditativen oder konzentrativen Höchstleistungen, die für uns häufig nur eine weitere Möglichkeit darstellen, unserem unmittelbaren Sosein aus dem Wege zu gehen. Dazu bedarf es nicht viel mehr als der Ehrlichkeit und des Mutes, der inneren Wahrheit ins Auge zu schauen und zu ihr zu stehen, und des Vertrauens darauf, daß die Wirklichkeit unseres Wesens tatsächlich die einzige Wirklichkeit ist, aus der heraus wir ein schöpferisches und erfülltes Leben führen können.

Die seltsamen Wege
der Intuition

*Der Schneider band sich den Gürtel um den Leib
und wollte in die Welt hinaus, weil er meinte, die
Werkstätte sei zu klein für seine Tapferkeit. Eh er
abzog, suchte er im Haus herum, ob nichts da wäre,
was er mitnehmen könnte; er fand aber nichts als
einen alten Käs, den steckte er ein. Vor dem Tore
bemerkte er einen Vogel, der sich im Gesträuch
gefangen hatte; der mußte zu dem Käse in die
Tasche. Nun nahm er den Weg tapfer zwischen die
Beine, und weil er leicht und behend war, fühlte er
keine Müdigkeit.*

Wenn wir uns auf eine Reise in die weitläufige Welt
machen wollten, was würden wir wohl mitnehmen? Ausweis, Geld, Kleidung, Nahrung, Werkzeug
und Fremdenführer? Vielleicht auch irgendwelche
Fotos oder Erinnerungsstücke, die uns an die Heimat
erinnern? Das erschiene uns doch wohl vernünftig und
realistisch. Unser Schneiderlein verhält sich aber hier
unerwartet anders. Es läuft durch das Haus und sucht
herum, was es wohl mitnehmen könne. Es scheint
keine praktischen Überlegungen anzustellen, sondern
folgt irgendwelchen anderen Impulsen, die ihm
gerade in den Sinn kommen. Schließlich kommt es auf

den verrückten Einfall, einen feuchten, weichen Käs in die Tasche zu stecken und später gar noch einen Vogel dazuzutun. Aber wir kennen das ja auch von anderen Märchen, daß sich ein uns zunächst merkwürdig erscheinendes Verhalten später als sehr sinnvoll herausstellt. So auch hier. Wie wir in der nächsten Episode – der Begegnung mit dem Riesen – sehen werden, hat sich das Schneiderlein gerade solche Objekte ausgewählt, mit denen es den Härte- und Stärkeprinzipien des Riesen am besten begegnen kann. Offenbar ist seine vorausahnende Intuition in diesem Fall hilfreicher als unser realitätsangepaßtes Denken.

Das Denken ermöglicht uns, die Dinge unserer Welt zu ordnen, zu verstehen und zu planen. Es verleiht uns dadurch Sicherheit und Orientierung. Da es aber, wie ein Computer, nur mit den ihm bereits bekannten Voraussetzungen arbeiten kann, kann es das Neue und Unbekannte häufig nicht erkennen. Es versucht, es auf das Altvertraute zu reduzieren. Reist man in ein fremdes Land und schleppt dabei innerlich ständig seine eigene Nationalität mit, kann man dessen Eigenart nicht wirklich erfassen. Man wird immer nur vergleichen und beispielsweise denken: »Hier ist es aber nicht so schön sauber wie bei uns«, oder: »Was die hier für einen primitiven Glauben haben«, oder: »Was die hier für ein ungenießbares Zeug essen.«

Die Intuition hingegen ist für das Neue, das Andere, das Mögliche und Zukünftige offen.

Lebenskunst haben wir definiert als die Suche nach einer Einstellung zum Leben, die ihm in seiner Ganzheit, Polarität und ständigen Bewegung am besten gerecht wird und die meiste Befriedigung verschafft. Wollen wir dem Leben, das ja in jedem Augenblick wieder neu und anders ist, offen und empfänglich begegnen, müssen wir uns immer wieder frei machen von alten Denkschemata. So läßt sich jeder neue Tag, jede neue Situation, jede neue Begegnung auffassen als eine Reise in ein fremdes Land, wo es gut ist, die alten Einstellungen und Gewohnheiten einmal loszulassen, damit Raum für das Neue ist.

Wir neigen dazu, im Loslassen hauptsächlich einen Verlust zu sehen, und halten deshalb am Alten verkrampft fest. Tatsächlich ist aber das Loslassen ein Gewinn, eine Erweiterung und Vertiefung der Lebensqualität, eine Befreiung zur Lebensfreude. Hierzu gibt es eine kleine Geschichte:

Ein Yogi sitzt irgendwo in einsamer Gegend, seine ununterbrochenen leidvollen Schreie sind weit zu hören. Er hält in seiner Hand eine Kugel mit spitzen Stacheln fest umklammert. Die Stacheln dringen tief in sein Fleisch. Er fragt einen vorbeikommenden Mann, wie er sich von seinem Leid befreien könne. Dieser zieht sich für lange Zeit in Meditation zurück und sagt ihm dann die Lösung: »Einfach loslassen!«

Loslassen läßt sich lernen. Versuchen Sie einmal, wenn Sie einer neuen, unvertrauten Situation gegenüberstehen, die üblichen Abwehrvorgänge (»Was ist denn das für ein Unsinn! Das ist nichts anderes als ... Damit will ich nichts zu tun haben!«), den Ärger und die Angst loszulassen und statt dessen eine neugierige Haltung einzunehmen: »Was ist denn das? Das kenne ich ja noch gar nicht! Das interessiert mich! Das möchte ich besser verstehenlernen!« Wenn man das häufiger macht, kann sich daraus eine Art Neugier-

Reflex entwickeln, wie ihn kleine Kinder noch haben. Was könnten wir alles in uns entdecken, wenn wir mit der gleichen neugierigen Einstellung unsere eigenen Phantasien, Gefühle und Intuitionen anschauen würden? Wir würden eine Wunderwelt mehr oder weniger schöpferischer Ideen, lustiger Einfälle, grausamer Gedanken, peinlicher Erkenntnisse und erleuchteter Weisheit entdecken. Dann kämen wir vielleicht tatsächlich einmal auf die verrückte Idee, auf eine Wanderung einen feuchten Käse mitzunehmen und einen Vogel in die Tasche zu stecken, weil es uns einfach weniger ausmachte, auch mal einen Vogel zu haben oder Käse zu machen.

Wer sein altes Denken loszulassen wagt und sich seiner Intuition gegenüber öffnet, muß immer das Risiko eingehen, daß das Resultat Unsinn ist. Manchmal findet man aber auf diese Weise eine wertvolle Erkenntnis, die niemals gefunden worden wäre, wenn man nicht den Unsinn riskiert hätte. Auch erscheinen einem intuitive Weisheiten häufig zunächst wie Ungereimtheiten, deren Sinn man erst dann entdeckt, wenn man für sie reif geworden ist. So kann man also bei seinen Intuitionen nie sicher sein, ob sie sinnvoll oder unsinnig sind. – Eine sichere Intuition ist ein Widerspruch in sich selbst. Wenn man von Menschen sagt, daß sie eine sichere Intuition haben, verwechselt man häufig Intuition mit Erfahrung. Ein Arzt, der in kurzer Zeit und bei wenigen Anhaltspunkten in der Lage ist, eine treffsichere Diagnose zu stellen, bedient sich hierbei weniger seiner Intuition als seiner umfassenden Erfahrung mit Krankheitsbildern, die er im Laufe seiner Berufszeit gesammelt hat.

Wenn es auch nicht möglich ist, Intuition treffsicherer zu machen, so läßt sie sich doch insofern üben, als man sich für ihre Eingebungen empfänglich macht, das heißt ihnen gegenüber achtsamer wird. Das Schwierige dabei ist, daß schöpferische Einfälle nicht erzwungen werden können. Wie alles, was uns unbewußt ist, stoßen sie uns zu, wenn wir am wenigsten an sie denken; eine zu große Anstrengung verschließt die intuitiven Kanäle. Um sie offenzuhalten, bedarf es einer Art unscharfen Hinsehens oder Danebensehens, so daß einerseits ein Fokus vorhanden ist, auf den sich die Intuition beziehen kann, andererseits aber dieser Fokus durch das Licht der bewußten Absicht nicht zu sehr erhellt ist. Deshalb wirken intuitive Menschen oft etwas geistesabwesend, plan- und ziellos und irgendwie daneben, solange sie auf ihren Einfall warten. Auf ähnlich ungerichtet suchende Weise wird auch unser Schneiderlein vor seinem Aufbruch im Hause herumgelaufen sein, bis es endlich intuitiv wußte: Das ist es! und dann den Käse und später den Vogel einsteckte. Dadurch, daß es sich in seinem Verhalten nicht vorhersagbar festlegt, ist es frei, seinen spontanen Einfällen zu folgen und, wie wir auch im weiteren Verlauf des Märchens immer wieder sehen, die sich ihm bietenden Gelegenheiten bestmöglich zu nutzen.

Weicher Käs
und harte Männer

Der Weg führte ihn auf einen Berg, und als er den höchsten Gipfel erreicht hatte, so saß da ein gewaltiger Riese und schaute sich ganz gemächlich um. Das Schneiderlein ging beherzt auf ihn zu, redete ihn an und sprach: »Guten Tag, Kamerad, gelt, du sitzest da und besiehst dir die weitläufige Welt? Ich bin eben auf dem Wege dahin und will mich versuchen. Hast du Lust mitzugehen?« Der Riese sah den Schneider verächtlich an und sprach: »Du Lump! Du miserabler Kerl!« – »Das wäre!« antwortete das Schneiderlein, knöpfte den Rock auf und zeigte dem Riesen den Gürtel, »da kannst du lesen, was ich für ein Mann bin.« Der Riese las: »Siebene auf einen Streich«, meinte, das wären Menschen gewesen, die der Schneider erschlagen hätte, und kriegte ein wenig Respekt vor dem kleinen Kerl. Doch wollte er ihn erst prüfen, nahm einen Stein in die Hand und drückte ihn zusammen, daß das Wasser heraustropfte. »Das mach mir nach«, sprach der Riese, »wenn du Stärke hast.« – »Ist's weiter nichts?« sagte das Schneiderlein, »das ist bei unsereinem Spielwerk«, griff in die Tasche, holte den weichen Käs und drückte ihn, daß der Saft herauslief. »Gelt«, sprach er, »das war ein

wenig besser?« Der Riese wußte nicht, was er
sagen sollte, und konnte es von dem Männlein
nicht glauben. Da hob der Riese einen Stein auf
und warf ihn so hoch, daß man ihn mit Augen
kaum noch sehen konnte: »Nun, du Erpelmännchen, das tu mir nach.« – »Gut geworfen«, sagte der
Schneider, »aber der Stein hat doch wieder zur Erde
herabfallen müssen; ich will dir einen werfen, der
soll gar nicht wiederkommen«, griff in die Tasche,
nahm den Vogel und warf ihn in die Luft. Der
Vogel, froh über seine Freiheit, stieg auf, flog fort
und kam nicht wieder. »Wie gefällt dir das Stückchen, Kamerad?« fragte der Schneider. »Werfen
kannst du wohl«, sagte der Riese, »aber nun wollen
wir sehen, ob du imstande bist, etwas Ordentliches
zu tragen.« Er führte das Schneiderlein zu einem
mächtigen Eichbaum, der da gefällt auf dem Boden
lag, und sagte: »Wenn du stark genug bist, so hilf
mir den Baum aus dem Walde heraustragen.« –
»Gerne«, antwortete der kleine Mann, »nimm du
nur den Stamm auf deine Schulter, ich will die Äste
mit dem Gezweig aufheben und tragen, das ist doch
das Schwerste.« Der Riese nahm den Stamm auf
die Schulter, der Schneider aber setzte sich auf
einen Ast, und der Riese, der sich nicht umsehen
konnte, mußte den ganzen Baum und das Schneiderlein noch obendrein forttragen. Es war da hinten
ganz lustig und guter Dinge, pfiff das Liedchen »Es
ritten drei Schneider zum Tore hinaus«, als wäre
das Baumtragen ein Kinderspiel. Der Riese, nachdem er ein Stück Wegs die schwere Last fortgeschleppt hatte, konnte nicht weiter und rief: »Hör,

ich muß den Baum fallen lassen.« Der Schneider sprang behendiglich herab, faßte den Baum mit beiden Armen, als wenn er ihn getragen hätte, und sprach zum Riesen: »Du bist ein so großer Kerl und kannst den Baum nicht einmal tragen.«

Kaum hat sich das Schneiderlein auf den Weg gemacht, um den Impulsen seines neu erwachten Selbstbewußtseins zu folgen, wird es schon mit dessen Schattenseiten und Problemen konfrontiert. Jeder Zuwachs an Bewußtheit und jede Lebenserweiterung birgt, besonders wenn sie so tiefgreifend ist wie bei unserem Schneiderlein, eine Menge Gefahren. Zunächst ist man begeistert und beglückt über die Fülle der neuen Möglichkeiten, die sich nun bieten, man freut sich seiner erreichten Freiheit und Macht und glaubt tiefe Einsichten, vielleicht sogar endgültige Wahrheiten erlangt zu haben. Aber gerade jetzt ist höchste Vorsicht am Platze, denn der Zustand ist sehr labil. Er kann sehr leicht wieder verlorengehen oder sogar in sein Gegenteil umschlagen. Im Märchen wird vor allem die Gefahr des Größenwahns und des destruktiven Heldenbewußtseins thematisiert, wie sie dem Schneiderlein in Gestalt des Riesen mit seinen Kraftproben entgegentritt.

Größenwahn meint, daß wir uns bedeutender, mächtiger und größer vorkommen, als wir sind. Abgesehen davon, daß das ein Grundproblem der Menschheit und der Bewußtseinsentwicklung überhaupt ist, kennen wir alle solche Zustände, wo wir uns »riesig« fühlen und als »der Größte« vorkommen.

Solche »Weltmeistergefühle« haben wir häufig dann, wenn wir erfolgreich sind, bewundert werden oder eine wichtige Erkenntnis gewonnen haben. Wir sind dann erfüllt von Glück, Euphorie und Kraft. Problematisch werden solche Zustände erst dann, wenn wir uns mit ihnen und den sie begleitenden Ideen so identifizieren, daß wir uns und ihre Realisierungsmöglichkeiten überschätzen. Aufgrund solcher unbewußter Identifikationen mit Größenideen entstehen gesellschaftliche Utopien und Ideologien, die an der ganzheitlichen Realität des Menschen und des Lebens vorbeigehen, entstehen Führer und Weltverbesserer, die glauben, im Besitze endgültiger Wahrheiten zu sein, entstehen Werte und hohe Ideale, die die Menschen krank machen, weil sie nicht erfüllbar sind. – So schöpferisch intuitive Höhenflüge auch sind, so notwendig ist es auch, daß wir wieder auf der Erde landen und kritisch überprüfen, was sich davon praktisch umsetzen läßt, und zwar nicht von anderen Menschen, sondern von uns selbst. Größenphantasien haben die Tücke, daß sie uns verleiten zu glauben, die anderen müßten mit deren Realisierung beginnen, man selbst habe es ja schon getan. Deshalb sind auch immer die anderen schuld, wenn die so schöne Vorstellung eines Tages an der Wirklichkeit des Lebens scheitert. Um sich vor den Größenphantasien anderer Menschen zu schützen, ist es gut, sich den Menschen, der solche Phantasien äußert und ihre Verwirklichung fordert, genau anzuschauen und sich zu fragen, ob er das, was er sagt, auch selbst lebt. Wie sieht sein Privatleben aus? Wie ist seine Wohnung eingerichtet? Wie gestaltet er sein Alltagsleben? Hat er Freunde? Wie geht er mit Nachbarn, seinen Kindern und seinem Partner um?

C. G. Jung erzählt: »Ich habe einmal die Bekanntschaft eines verehrungswürdigen Mannes gemacht – man konnte ihn ohne Schwierigkeit einen Heiligen nennen –, ich ging drei Tage lang um ihn herum und konnte nirgends die Unzulänglichkeit des Sterblichen an ihm entdecken. Mein Minderwertigkeitsgefühl wurde bedrohlich, und ich begann bereits ernstlich daran zu denken, mich zu bessern. Am vierten Tage aber konsultierte mich seine Frau . . . Seitdem ist mir nichts Ähnliches mehr passiert. Aber ich lernte daraus, daß jemand, der mit seiner Persona eins wird, alles Störende durch seine Frau darstellen lassen kann, ohne daß letztere es merkt; allerdings bezahlt sie dann ihre Selbstaufopferung mit einer schweren Neurose.«[7]

So ist die selbstkritische Frage: »Lebe ich das eigentlich selbst, was ich meine, wie andere Menschen leben sollten?« eine gute Hilfe bei der Relativierung unserer Größenvorstellungen. Stellt man sich diese Frage ausreichend häufig, dann verzichtet man zunehmend auf große Worte, wie jene Alten, von denen Konfuzius sagt, daß sie ihre Worte sparten, weil sie sich schämten, mit ihrem Betragen hinter ihren Worten zurückzubleiben.

Unserem Schneiderlein hätte es bei seiner sowieso vorhandenen Neigung zu Prahlerei und Großmäuligkeit leicht passieren können, seine Fähigkeiten und Kräfte weit zu überschätzen. Sein Streich, der für ihn eine unerhörte Heldentat gewesen ist, hatte ihn ja in seinen Augen schon zu einem Manne mit Riesenkräften und Riesentapferkeit gemacht, und dann wäre es nur noch ein kleiner Schritt für ihn gewesen, sich selbst für einen Riesen zu halten. Die Begegnung mit dem Riesen wäre sicherlich anders verlaufen, wenn das Schneiderlein aufgrund seiner Selbstüberschätzung versucht hätte, es dem Riesen gleichzutun und den Stein oder den Baumstamm mit seinen Körperkräften zu meistern. Wir können bezweifeln, daß es mit heiler Haut davongekommen wäre, wenn wir die schlechte Laune, die Humorlosigkeit und Reizbarkeit des Riesen bedenken. So aber bleibt sich das Schneiderlein glücklicherweise selber treu, es weiß, daß es kein Riese ist, und greift auf seine ihm wesensgemäßen Fähigkeiten zurück, auf List, Schnelligkeit und Behendigkeit.

Mit jeder Größen- und Heldenphantasie, mag sie noch so erhaben, ideal und rein erscheinen, ist immer auch noch ein anderes Schattenproblem verbunden, nämlich das der Macht und Gewalt. Positive Werte des Heldenbewußtseins wie Mut, Ausdauer, Frustrationstoleranz, Konfliktfähigkeit und Willensstärke pervertieren leicht zu destruktivem Risiko, Starrheit, Kompromißlosigkeit, Kriegslust und Härte. Berg, Riese, Stein und Eiche, wenn wir sie hier als zusammengehörige Einheit auffassen wollen, weisen als Symbole der Größe, Stärke, Härte und auf Unnachgiebigkeit auf die Gefahren eines einseitig gewordenen Heldenbewußtseins hin.

Der Berg ist seit jeher verbunden mit den Attributen der Größe, der Mächtigkeit und Dauer. Wer die Mühsal des Aufstiegs auf sich nimmt, seiner Besteigung und Bezwingung seine ganze Kraft und Ausdauer widmet, der nimmt teil an diesen Attributen. Oben, auf einsamer Gipfel-Höhe, dem menschlichen Leben weit entrückt, mag man sich mit den Göttern verbunden oder gar göttergleich fühlen. Götter aber sind nicht nur lichtvolle, positive Wesen, sondern besitzen auch in gleichem Ausmaß dunkle, destruktive Seiten, sind eifersüchtig, rach- und herrschsüchtig. Sie können in Gestalt blindrasender, übermächtiger Naturkräfte in kurzer Zeit alles zerstören, was Menschen sich jahre- und jahrhundertelang aufgebaut haben. Der Riese, der in unserem Märchen oben auf dem Berge sitzt, hat sich diesen Ort sicherlich aufgrund seiner Verwandtschaft zum Berg und zu den Göttern ausgesucht. Er repräsentiert übermenschliche Kräfte und Fähigkeiten, gepaart mit unvorhersehbarer und unkontrollierbarer destruktiver Dynamik.

Auch der Stein hat eine deutliche Beziehung zum Berg und zum Riesen. Im Märchen wird er als ein Symbol der Härte, der Schwere und Trägheit gebraucht. In früheren Zeiten wurden Steine mit ewigen, unveränderlichen und göttlichen Werten verbunden. Ähnliches gilt für die Eiche. Sie war bei vielen indogermanischen Völkern ein heiliger Baum. Wegen ihres harten, dauerhaften Holzes ist sie seit der Antike ein Sinnbild der Kraft, Männlichkeit, Beharrlichkeit und Unsterblichkeit. Im 18. Jahrhundert wurde sie deshalb in Deutschland zum Zeichen des Heldentums (Eichenlaub als Siegeslorbeer).

Das Problem, vor das sich das Schneiderlein also hier gestellt sieht, ist das des negativen, übersteigerten Heldenbewußtseins. Es hat damit eine Aufgabe zu lösen, die auch für unsere heutige Zeit von brennender Aktualität ist. Unsere moderne abendländische Gesellschaft ist weitgehend durch ein heroisches Bewußtsein geprägt. Nach-oben-Streben, Leistung, Rivalität, Konflikt, Kampf, Erfolg, Härte, Stärke, Größe und Macht sind einige ihrer zentralen Werte. Viele sind dermaßen mit ihnen identifiziert, daß sie sich gar nicht vorstellen können, daß es noch andere Lebenseinstellungen geben kann. H. E. Richter hat die Werte des heroischen Bewußtseins unter dem Begriff »Gotteskomplex« zusammengefaßt, und er führt sie auf ein tiefreichendes Unsicherheits- und Ohnmachtserleben zurück, das die Menschen seit dem Mittelalter durch die zunehmende Entmachtung Gottes befiel und das sie durch die Phantasie der eigenen Allwissenheit und Allmacht kompensieren mußten. »Die grandiose Selbstgewißheit des Ich ist an die Stelle der Geborgenheit in der großen idealisierten Elternfigur (Gottes, Ergänzung des Autors) getreten. Deren gewaltige Macht taucht nur als maßlose Überschätzung der eigenen Bedeutung und Möglichkeiten auf. Das individuelle Ich wird zum Abbild Gottes.«[8]

Hochmut, Selbstüberhebung und Göttlichkeitsanmaßung aber wurden, wie wir von vielen Mythen her wissen, von den Göttern schon immer mit unsäglichen Qualen, Katastrophen und Zerstörungen bestraft. Es steht zu befürchten, daß sie sich in Bälde ihrer alten Waffe, der alles zerstörenden Feuersbrunst, in Form der Atombombe erinnern werden.

Manche Gesellschaftskritiker meinen, das negativ-heroische Bewußtsein sei ein Ausdruck der Männerherrschaft des Patriarchats, und erhoffen sich durch eine Neubelebung matriarchaler Lebensformen eine konstruktive Bewußtseinsveränderung. So notwendig es auch ist, sich der vergessenen matriarchalen Lebenswerte zu erinnern, so gefährlich scheint es mir zu sein, wenn durch eine künstliche Polarisierung das uns alle vergiftende negativ-heroische Bewußtsein der alleinigen Verantwortlichkeit der Männer zugeschrieben und der Geschlechterkampf dadurch zugespitzt wird. Die berühmte Aufforderung: »Cherchez la femme!«, hinter den »großen« Taten der Männer nach dem heimlichen oder unheimlichen Einfluß der Frau zu suchen, darf auch bei der Diskussion um das heroische Bewußtsein nicht vergessen werden. Tiefenpsychologen und Mythenforscher – zuletzt H. Göttner-Abendroth in ihrem Buch »Die Göttin und *ihr* Heros« (Hervorhebung vom Autor) – haben immer wieder auf die enge Beziehung zwischen der weiblichen Göttin, der Großen Mutter, und dem ihr zugeordneten Männlichen, dem Heros, hingewiesen. Danach erscheint das heroische Bewußtsein nicht als eine eigenständige männliche Haltung, sondern als eine Einstellung, die von der Großen Mutter und dem Verhältnis zu ihr bestimmt wird. Größe, Stärke, Ruhm und Ehre, das sind keine Werte eines reifen, erwachsenen Bewußtseins, sondern Werte eines Kindes oder Pubertierenden, der von seiner großen, übermächtigen Mutter bewundert werden möchte, der ihr zeigen möchte, wie stolz sie auf ihn sein kann und wie brav er ihre heroischen Erwartungen erfüllt, damit sie ihn liebt. Dafür ist er dann bereit, seinen Vater, seinen Bruder, seinen

Freund und seine Geschlechtsgenossen im beruflichen oder politischen Krieg auszustechen oder sich selbst zu opfern. Daheim trauern dann Frauen und Mütter über ihre leider viel zu früh heimgegangenen Männer und Söhne, trauern, wie es schon in Urzeiten die Große Mutter tat, wenn sie ihren Helden-Geliebten sich selbst geopfert hatte.

Die Menschheit wäre heute technisch und wirtschaftlich in der Lage, sich ein Paradies auf Erden zu schaffen. Nur, die Große Mutter braucht ihren Heros, der sie verehrt, sie befruchtet und sich ihr opfert, und der Heros braucht seinen Drachen, den er bekämpfen und besiegen kann. Also sucht er sich seinen Drachen, seine Sündenböcke, seine Rivalen und Feinde. Wir bedürfen heute aber keiner Helden mehr, die uns von dem Übel und dem bösen Anderen befreien, sondern wir benötigen Menschen, die einfach menschlich sind. Uns hilft eine Rückkehr zum Archetyp der Großen Mutter und eine Hinwendung zum so fernen Archetyp des Großen Vaters wenig, uns hilft vor allem eine Verwirklichung des Archetyps des Menschen und des Menschlichen.

Können wir nun aus der Art und Weise, wie das Schneiderlein den Riesen überlistet, etwas über den Umgang mit der Gefahr des negativen Heldenbewußtseins lernen? Sein Vorgehen gleicht dem, was in der Weisheit des Laotse seinen Ausdruck findet:

»Ein Mensch kommt zart und nachgiebig zur Welt.
Bei seinem Tode ist er hart und starr.
Frische Pflanzen sind weich und voller Lebenssaft.
Bei ihrem Tode sind sie verdorrt und trocken.

Daher ist das Starre und Unbeugsame
der Schüler des Todes.
Das Weiche und Nachgiebige ist
der Schüler des Lebens.
So gewinnt eine Armee ohne Wendigkeit
niemals eine Schlacht.
Ein Baum, der unbiegsam ist, wird leicht gebrochen.
Das Harte und Starke wird vergehen.
Das Sanfte und Schwache wird andauern.«[9]

Wenn wir das Tun des Schneiderleins mit diesen
Worten des Laotse vergleichen, dann erkennen wir,
daß es ein wahrer Schüler des Lebens ist, der dem
Harten, Starken und Starren das Weiche, Schwache
und Nachgiebige entgegensetzt, um es zu überwinden. Dem starken Riesen auf seinem mächtigen Berg
begegnet es mit seiner Schwäche, die Härte des ersten
Steins meistert es mit der Weichheit des Käses, die
Trägheit und Erdenschwere des zweiten Steins
besiegt es mit der Beweglichkeit des Vogels, und die
Starre und Schwere des Baumstamms bewältigt es
durch seine Nachgiebigkeit und Leichtigkeit.

Aber, und auch das ist ein Gedanke Laotses, tiefe
Lebenswahrheiten erscheinen uns meist wie ein Irr-
tum. Vom heroischen Standpunkt aus betrachtet
kommt uns das Verhalten des Schneiderleins wie ein
billiger Trick oder wie ein feiges Ausweichen vor.
Aber vom Standpunkt des Lebens aus gesehen entlarvt das Schneiderlein unser Omnipotenzgehabe in
seiner ganzen riesenhaften Dummheit und Lächer-
lichkeit. Unser ständiges Stärke-Messen ist uns so
wichtig, daß wir nicht wahrnehmen können, daß wir

genauso gut darauf pfeifen könnten, wie es das Schneiderlein tut, als es sich auf dem Baumstamm vom Riesen mittragen läßt.

Was es nun konkret heißt, dem Leben weicher, beweglicher und nachgiebiger zu begegnen, haben wir bereits ansatzweise geschildert. Die folgenden sechs Episoden werden diese Kunst nun ausführlicher darstellen.

Die trickreiche Kunst
der Umdeutung

Sie gingen zusammen weiter, und als sie an einem Kirschbaum vorbeikamen, faßte der Riese die Krone des Baums, wo die zeitigsten Früchte hingen, bog sie herab, gab sie dem Schneider in die Hand und ließ ihn essen. Das Schneiderlein aber war viel zu schwach, um den Baum zu halten, und als der Riese losließ, fuhr der Baum in die Höhe, und der Schneider ward mit in die Luft geschnellt. Als er wieder ohne Schaden herabgefallen war, sprach der Riese: »Was ist das, hast du nicht Kraft, die schwache Gerte zu halten?« – »An der Kraft fehlt es nicht«, antwortete das Schneiderlein, »meinst du, das wäre etwas für einen, der siebene auf einen Streich getroffen hat? Ich bin über den Baum gesprungen, weil die Jäger da unten in das Gebüsch schießen. Spring nach, wenn du's vermagst.« Der Riese machte den Versuch, konnte aber nicht über den Baum kommen, sondern blieb in den Ästen hängen, also daß das Schneiderlein auch hier die Oberhand behielt.

Diese kleine Episode zeigt, wie gefährlich Riesen- und Größenphantasien sein können, wenn wir nicht wachsam sind. Lassen wir uns von ihnen dazu verführen, Früchte zu kosten oder Ziele anzustreben, die nicht unserem Maß und unseren Fähigkeiten entsprechen, dann können wir schnell den Boden unter den Füßen verlieren und ins Verderben stürzen. In einem anderen Grimmschen Märchen – »Der Riese und der Schneider« – endet die peinliche Angeberei eines Schneiders damit, daß er von einem Weidenast, den er herabbiegen sollte, so weit in die Höhe geschleudert wurde, »daß man ihn gar nicht mehr sehen konnte. Wenn er nicht wieder heruntergefallen ist, so wird er wohl noch oben in der Luft herumschweben.« Das illustriert sehr gut die Gefahren einer solchen Selbstüberschätzung, nämlich, daß man sich in Luftgespinsten und illusionären Wunschbildern verliert und dadurch den Kontakt zur Erde, zur materiellen Realität, einbüßt. Laotse meint: »Hoch steht auf tief.« Jesus sagt: »Wer sich selbst erhöht, der wird erniedrigt werden.« Der Volksmund weiß: »Hochmut kommt vor dem Fall.«

Glücklicherweise übersteht unser Schneiderlein seinen unfreiwilligen Höhenflug unbeschadet und landet wieder sicher mit seinen beiden Beinen auf dem Boden. Auf die verwunderte Frage des Riesen, wieso es nicht die schwache Gerte habe halten können, reagiert es mit einem intellektuellen Kunstgriff, den wir uns nun etwas näher anschauen wollen. Es deutet seine Schwäche kurzerhand in eine Stärke um. Aus einem unfreiwilligen Hochgeschleudertwerden macht es ein freiwilliges Hinüberspringen. Der einfältige Riese kann mit seinem ungeübten Denken diesen geistigen Salto mortale des Schneiderleins nicht durchschauen und läßt sich von ihm täuschen, so daß er schließlich selbst im Baume hängenbleibt. Bevor wir nun über die Dummheit des Riesen lachen, wollen wir uns erst einmal überlegen, ob wir dieses trickreiche Spiel nicht häufig mit uns selbst spielen oder spielen lassen.

Wahrscheinlich denken wir dabei gleich wieder an unsere Mitmenschen, an Politiker und an Meinungs- und Bedürfnismanipulateure. Die sind natürlich auch Meister in dieser Kunst, aus schwarz weiß zu machen, zum Beispiel aus Aufrüstung Friedenssicherung und aus Umweltzerstörung Wirtschaftswachstum. Aber auch wir selbst stehen mit unserer Fähigkeit zu der List, unsere Einstellungen und Verhaltensweisen so zu interpretieren, wie es für unser Wohlbefinden am besten ist, in keiner Weise der des Schneiderleins nach. Die Tiefenpsychologie nennt diesen Trick Rationalisierung. Das kommt von ratio = Verstand und meint, daß wir unseren Verstand mißbrauchen, damit er uns mit Hilfe von einleuchtenden Scheinargumenten über unsere wahren Beweggründe hinwegtäuscht. Ein Großteil unserer Vorstellungen von uns selbst und von unserem Verhalten beruht auf solchen Rationalisierungen. Aus Mängeln machen wir Tugenden, aus Unsicherheiten Stärken, und aus Schwächen machen wir Vorzüge. So sind wir zum Beispiel in der Lage, unsere Unfähigkeit zu lieben als Autonomie und Selbstverwirklichungsstreben hinzustellen und umgekehrt unsere Angst vor Autonomie und Selbständigkeit als hingebungsvolle Liebe zu deklarieren. Unsere Angst vor Konflikten und vor Aggression interpretieren wir als reife Haltung, mit der wir über den Dingen stehen, und unsere destruktive Gewalttätigkeit anderen gegenüber deuten wir als notwendige Verbesserungs- und Erziehungsaktion. Tatsächlich gibt es nur sehr wenig, was wir nicht tun, wenn wir über eine uns passende Ideologie und die uns vernünftig erscheinende Begründung und Rechtfertigung verfügen. Religionskriege, Ketzer- und Hexenverbrennungen, Eroberungsfeldzüge zur Ausrottung ganzer Völker und Kulturen, Massenmorde, Folterung und Menschenmißhandlung sind dafür die erschreckendsten Beispiele.

Die Gefährlichkeit solcher Rationalisierungen wächst in dem Maße, in dem sie uns unbewußt bleiben, wir also die Scheinerklärung für die volle Wahrheit halten, und je weniger wir die Ganzheit unseres Wesens annehmen können. Wenn wir uns bejahen können, wie wir sind, brauchen wir uns über uns selbst weniger vorzumachen und können dann unsere Bedürfnisse ohne zudeckenden oder verschönernden Etikettenschwindel unmittelbarer, konstruktiver und mitmenschlicher wahrnehmen.

Das Phänomen der Rationalisierung können wir umfassender verstehen, wenn wir uns klarmachen, daß sie nur ein spezieller Aspekt unseres grundlegenden Bedürfnisses nach Bedeutung, Ordnung und Sinn ist. Wir müssen unserem Leben und unserem Verhalten eine Bedeutung geben, damit wir überhaupt sinnvoll leben können. Die Welt zu ordnen und zu erklären ist die Grundlage menschlicher Bewußtseinsentwicklung. Und leider – oder glücklicherweise – ist das Leben ein solch komplexes und widersprüchlich erscheinendes Phänomen, daß es zu einem Sachverhalt meist verschiedene Erklärungen oder Standpunkte gibt, die alle mehr oder weniger berechtigt sind. Die Objekte der Erfahrungen mögen im wesentlichen für alle Menschen ähnlich sein, in ihrer Bedeutung und ihrem Sinn unterscheiden sie sich aber für den einzelnen Menschen sehr stark. Zwar verdeckt der gemeinsame Sprachgebrauch einer Gesellschaft und einer Kultur häufig die bestehenden individuellen Unterschiede des Erlebens und Wahrnehmens, aber bei jeder tiefergehenden Kommunikation wird schnell deutlich, wie sehr wir alle in eigenen Welten leben. Deshalb sind im Grunde genommen alle Erklärungen und Bedeutungen, die wir den Lebensvorgängen geben, Rationalisierungen. Manche von ihnen sind wirklichkeitsnäher, manche wirklichkeitsferner, eine Grenzlinie läßt sich kaum ziehen. Was ist richtiger: eine halbgefüllte Flasche Wein als »halbvoll« oder als »halbleer« anzusehen? Weil im Leben also vieles relativ ist, je nach unserem persönlichen Standort, deshalb können wir uns so leicht täuschender Rationalisierungen bedienen. Das hat aber nicht nur, wie es jetzt vielleicht scheinen mag, negative Seiten, sondern auch positive. Denn wenn unser Erleben der Wirklichkeit zum großen Teil ein Produkt unserer Einstellung zu ihr ist, dann können wir unser Leben auch selbst bestimmen, indem wir unsere Einstellung ändern.

Tatsächlich könnten wir uns häufig frei entscheiden, wie wir eine Situation sehen wollen, ob positiv oder negativ, anregend oder langweilig, erheiternd oder bitter. Daß wir das aber nicht tun, hängt oft damit zusammen, daß wir uns und unsere Einstellung viel zu wichtig und ernst nehmen. Manche Menschen verharren lieber in Trauer, Leid und Schmerz, als daß sie ihre Wichtigkeit und Bedeutsamkeit zugunsten eines befreiten und zufriedenen Lebens aufgeben. Sie bestehen auf ihrem Recht, unglücklich zu sein. Aber solange wir noch glauben, genau zu wissen, was richtig, wahr und endgültig ist, haben wir noch keine große Entscheidungswahl. Wir müssen dann den Zwängen unserer eigenen Auffassung folgen. Könnten wir aber wirklich erkennen, daß wir es größtenteils selbst sind, die unserem Leben Sinn und Bedeutung verleihen, dann wären wir frei, zu autonomen und eigenverantwortlichen Meistern unseres Lebens zu werden, wir wären frei, die große Chance und das Glück des Lebendigseins zu nutzen.

In den meisten Psychotherapien wird deshalb auch weniger versucht, dem Klienten eine »objektive« oder »richtige« Weltauffassung und Einstellung zu sich selbst beizubringen, sondern er wird ermutigt, jene Wirklichkeitsauffassung zu finden oder zuzulassen, die mit seinem eigenen Wesen am meisten in Einklang steht. Er soll zu dem werden, der er ist. Dazu bedient sich der Therapeut weitgehend der Technik der Rationalisierung, oder besser: der sanften Kunst der Umdeutung. Die meist unerträglich eingeengte und festgefahrene Weltsicht und negative Einstellung des Klienten wird durch die Umdeutung gelockert und erweitert. Er lernt, sich und sein Leiden in anderem Kontext zu sehen. Schon das einfühlende, akzeptierende Zuhören des Therapeuten ist eine Umdeutung. Der Klient erfährt vielleicht erstmalig, daß seine so schlimmen Phantasien, Ängste und Schwächen von einem anderen Menschen verständnisvoll angenommen werden können, ohne daß er bestraft, ausgelacht oder verurteilt wird. Er erfährt, daß manche Symptome, die er für sinnlos hielt, einen tieferen, konstruktiven Sinn beinhalten, daß manche seiner Seiten, die er bisher ablehnte, positive Potentiale darstellen, die gefördert statt verdrängt werden müssen, und daß manche Probleme, die er für fremdartig und einmalig hielt, allgemeinmenschliche Probleme sind. Durch die Umdeutung lernt er, daß er sich und seine Welt auch noch unter anderen, konstruktiveren Perspektiven sehen kann und daß er dadurch die Freiheit erhält, sich für diejenige Einstellung zu entscheiden, die ihm mehr Lebensfreude und Lebensgewinn vermittelt.

Zugespitzt formuliert, besteht die sanfte Kunst der Umdeutung darin, ein unerwünschtes Problem in ein erwünschtes und berechtigtes zu verwandeln. Eine Reihe unserer Probleme, besonders Ängste und Zwänge, werden gerade dadurch aufrechterhalten und verschärft, daß ihr Auftreten krampfhaft vermieden wird. Wir verbrauchen sehr viel Energie damit, sie durch Überlegen auflösen zu wollen oder durch Vermeidungsverhalten zu verhindern. Dadurch geraten wir in einen Teufelskreislauf, der die Probleme immer weiter stabilisiert und vermehrt. Deshalb ist es sinnvoll, sie als »erwünscht« und berechtigt umzudeuten und damit den Teufelskreislauf zu durchbrechen. Etwas, was erwünscht und berechtigt ist, braucht man nicht zu fürchten und zu bekämpfen.

Watzlawick[10] beschreibt die Geschichte eines jungen Ehepaares, das in eine unerträgliche Abhängigkeit und Bevormundung durch die Eltern des Mannes geraten war. Die Eltern trafen alle wesentlichen Entscheidungen, übernahmen die Wahl, die Anzahlung und Einrichtung ihres Hauses, unterstützten sie finanziell und besuchten sie viermal im Jahr, um dann alle anfallenden Tätigkeiten in Haus und Garten zu übernehmen. Trotz verschiedentlicher Ansätze fand das Paar keine Möglichkeit, sich von der drückenden Last der Bevormundung und Dankesschuld zu befreien. Es wurde ihnen zu folgendem Vorgehen geraten: Da sie bisher immer ihr Äußerstes getan hatten, den Eltern bei ihrem Besuch so wenig Anlaß wie möglich zum Einmischen und Unterstützen zu geben, sollten sie nun diesmal nicht versuchen, sie daran zu hindern, sondern sie noch indirekt dazu auffordern, ja Hilfe und Aktivität geradezu von ihnen erwarten. Das Problem sollte also nicht vermieden, sondern sogar noch verstärkt werden. Als die Eltern dann zu Besuch kamen, ließ sich das Paar von ihnen das Geschirr spülen, die Wäsche waschen, das Haus reinigen, den Garten versorgen, Lebensmittel einkaufen und bezahlen, während sie fernsahen, lasen und sich entspannten. Das Ergebnis war, daß die Eltern ihren Besuch vorzeitig abbrachen mit der Begründung, das Paar sei viel zu sehr verwöhnt, und es sei nun höchste Zeit für sie, erwachsen zu werden. Auf diese elegante Weise wurde nicht nur dem Paar geholfen, sondern auch den Eltern ermöglicht, ihre Rolle als gute Eltern weiterzuspielen. Anstatt die jungen Leute weiterhin zu verwöhnen, sahen sie es jetzt als ihre Aufgabe an, diese zur Selbständigkeit zu erziehen.

In den Büchern Viktor E. Frankls und seiner

Schüler finden sich zahllose ähnliche Beispiele, in denen Menschen mit Hilfe der von Frankl entwickelten Technik der paradoxen Intention ihre Symptome überwanden. Typisch für dieses Vorgehen ist der Fall einer angstneurotischen Frau, von der E. Lukas[11] berichtet. Die Therapeutin pflegte die Patientin, die sich auf Straßen, in Bussen und Kaufhäusern panisch fürchtete, zu Beginn der Therapiestunde zu fragen, ob sie ihre Angst mitgebracht oder draußen vergessen habe. Als diese ihr einmal entgegnete, daß sie ihre Angst diesmal draußen gelassen habe, forderte die Therapeutin sie auf, sich jetzt mit ihr auf die Straße zu begeben, um gemeinsam die Angst zu suchen, denn es gehe ja schließlich nicht an, die Angst einfach zu verlieren. Auf der Straße verlangte die Therapeutin von ihr, sie doch endlich dorthin zu führen, wo sie die Angst zurückgelassen oder aus den Augen verloren habe. Wie geplant, war die Patientin jetzt aufgrund ihres angestrengten Bemühens, Angst zu erleben, zu keiner Angstreaktion imstande. Es bedurfte zwar noch einiger Übung, bis sich die Patientin auch allein auf die Suche nach ihrer verlorengegangenen Angst begeben konnte, aber schließlich kam es so weit, daß die Angst unauffindbar geworden war.

Im Unterschied zur anfangs beschriebenen unbewußten Rationalisierung, die hauptsächlich als Widerstand gegen eine Veränderung unseres Verhaltens aufzufassen ist, ist die therapeutisch eingesetzte Kunst der Umdeutung eine bewußte Maßnahme, um eine Veränderung zu erzielen. Man weiß, daß es ein Trick ist, wenn man versucht, das unerwünschte Problem als ein erwünschtes anzusehen. Deshalb benötigt man dazu Experimentierfreude, Humor und eine spielerische Haltung, bei der man sich selbst nicht so verbissen ernst nimmt. Man muß sich sagen können: »Weil ich jetzt endlich etwas Neues lernen und aus meinen ewigen Verhaltens- und Gedankenkreisläufen herauskommen will, tue ich jetzt einmal so, als sei mein Problem von mir so sehr geliebt und gewollt, daß ich es allen Leuten zeigen will. Ich will neugierig sein, was dann dabei passiert.«

Eine ähnliche Haltung kann man in festgefahrenen Diskussionen und Streitereien probieren. Man versucht einfach, spielerisch den gegnerischen Standpunkt einzunehmen oder eine ganz andere Einstellung zu finden, indem man sich sagt: »Dieses ewige unfruchtbare Hin und Her langweilt mich. Ich probiere jetzt einmal aus, wie es ist, wenn ich gegen meinen eigenen Standpunkt argumentiere.« Wenn man das nicht allein mit sich ausmachen will, kann man seinen Diskussionsgegner darüber informieren, daß man jetzt anders zu argumentieren gedenkt als vorher. Vielleicht bekommt er dann auch Lust, die Rolle zu tauschen.

Wenn wir das Spiel der Umdeutung häufig spielen, entwickeln wir Einsicht in die Relativität des Daseins und die Subjektivität unserer Auffassungen. Wir lernen mit der paradoxen Natur des Lebens umzugehen und frei von der Identifizierung mit Gegensätzen zu werden. Lebenskunst bedeutet, mit den folgenden zwei Bällen geschickt jonglieren zu lernen: Der erste Ball ist grau und repräsentiert die Einsicht, daß die Dinge so sind, wie sie sind. Der zweite Ball ist bunt und repräsentiert die Einsicht, daß wir die Dinge so sehen können, wie wir wollen. Verlieren wir beim Jonglieren den bunten Ball, dann verbleiben uns nur Trägheit, Langeweile und Depression. Verlieren wir den grauen Ball, dann wird das Leben zur Täuschung, zur Lüge und Flucht.

Das Prokrustesbett
der Riesenansprüche

Der Riese sprach: »Wenn du ein so tapferer Kerl
bist, so komm mit in unsere Höhle und übernachte
bei uns.« Das Schneiderlein war bereit und
folgte ihm. Als sie in der Höhle anlangten, saßen
da noch andere Riesen beim Feuer, und jeder hatte
ein gebratenes Schaf in der Hand und aß davon.
Das Schneiderlein sah sich um und dachte: es ist
doch hier viel weitläufiger als in meiner Werkstatt.
Der Riese wies ihm ein Bett an und sagte, er sollte
sich hineinlegen und ausschlafen. Dem Schneiderlein war aber das Bett zu groß, es legte sich nicht
hinein, sondern kroch in eine Ecke. Als es Mitter-
nacht war und der Riese meinte, das Schneiderlein
läge in tiefem Schlafe, so stand er auf, nahm eine
große Eisenstange und schlug das Bett mit einem
Schlag durch und meinte, er hätte dem Grashüpfer
den Garaus gemacht. Mit dem frühsten Morgen
gingen die Riesen in den Wald und hatten das
Schneiderlein ganz vergessen; da kam es auf einmal ganz lustig und verwegen dahergeschritten.
Die Riesen erschraken, fürchteten, es schlüge sie
alle tot, und liefen in einer Hast fort.

Nachdem das Schneiderlein seinem gefährlichen unfreiwilligen Höhenflug gerade noch mit heiler Haut entkommen ist, gerät es gleich darauf in eine noch bedrohlichere Situation. Es wagt sich allzu leichtsinnig und sich selbst überschätzend in die Höhle des Riesen. Möglicherweise hält es die Einladung des Riesen, bei ihm und den Seinen in der Höhle zu übernachten, für den Ausdruck besonderer Wertschätzung und Anerkennung seiner Gleichwertigkeit, übersieht dabei aber die mörderische Arglist des Riesen. Das Schneiderlein glaubt nun fast schon, ein Riese unter Riesen zu sein. Damit erreicht die Gefahr der Identifizierung des Schneiderleins mit seinen Riesen- und Größenphantasien ihren Höhepunkt.

Wir können es gut verstehen, wie verführerisch es für einen Menschen, der sich immer als klein und schwach empfunden hat, sein mag, sich in ein gemachtes Bett zu legen, das sonst den Großen und Mächtigen vorbehalten ist. Endlich, so mag er behaglich einschlummernd denken, bin ich auch einmal wer. Aber dieses Schlafen-Wollen in einem Bett, das viel zu groß ist, kostet einen hohen Preis, manchmal sogar das Leben. Es ist tragisch, zu sehen, wie sich manche Menschen in mörderische Abhängigkeit und Zwänge begeben, um mit Hilfe von Besitz, Prestige und Macht endlich einmal wer sein zu können, und dann ihren so ehrgeizigen und hastigen Aufstieg auf der Karriereleiter mit einem Herzinfarkt beenden. Tragisch daran ist auch, daß auf diese Weise etwas gesucht wird, was so gar nicht gefunden werden kann, und daß diese »Erfolgs«-Spirale eine Spirale ohne Ende und ohne endgültige Erfüllung ist. Jene innere Zufriedenheit, Liebesfähigkeit, Lebensfreude und heitere Gelassenheit, die von uns angestrebt wird, ist ein Resultat des Zu-sich-selbst-Kommens und des Bei-sich-selbst-Bleibens und kann nur in beschränktem Maße über Identifizierung mit Fremdwerten und Außenobjekten gewonnen werden.

Es gibt in der griechischen Mythologie eine Geschichte, die ganz ähnlich ist und die Thematik des unpassenden Bettes noch vertieft. Von einem Manne namens Prokrustes, was übersetzt der »Ausstrecker« heißt, wird erzählt, daß er arglose Wanderer, denen er eine Übernachtung bei sich anbot, überwältigte und sie in einem Bett fesselte. Kleine Menschen legte er in ein langes Bett und große Menschen in ein kurzes. Dann tötete er sie, indem er sie für das jeweilige Bett passend machte: Die Kleinen dehnte und streckte er, die Großen kürzte er um Haupt und Füße. Der griechische Held Theseus ließ Prokrustes dieselbe Prozedur zuteil werden, indem er ihn in das kurze Bett legte und ihm den Kopf abschlug. Beiläufig sei erwähnt, daß Theseus, ähnlich wie unser Schneiderlein, einige Zeit zuvor mit Sinis zu tun bekommen hatte, einem Manne, der den Spitznamen »Tannenbieger« trug. Dieser Sinis bat daherkommende Wanderer, ihm beim Niederbiegen eines Baumes zu helfen. Er tötete sie dadurch, daß er den Baum dann plötzlich losließ, so daß sie in die Höhe schnellten.

Doch zurück zu unserem Prokrustes-Bett. Prokrustes war offenbar so etwas wie der Erfinder des genormten Durchschnittsmenschen, des 0-8-15-Typs. Genausowenig, wie irgendein Mensch seinen mörderischen Folterungen und Torturen entgehen konnte, weil er sie immer in das Bett legte, das gerade nicht paßte, genausowenig kann sich ein Mensch aus seinen Konflikten, Leiden und Seelenqualen befreien, solange er sich ausschließlich an Fremdnormen und Fremdmaßstäben anpaßt. Denn solche Normen, wie sie von Religions- und Gesellschaftssystemen, Ideologien, Moralphilosophien und Statistiken aufgestellt werden, sind allgemeine Abstraktionen. Der individuelle Mensch wird immer zu klein oder zu groß für sie sein. So hilfreich und notwendig menschliche Fremdnormen für uns auch sind, denn sie verleihen uns Sicherheit, Orientierung und Sinn und regeln unser Zusammenleben, so destruktiv werden sie, wenn sie eben nicht als Orientierungshilfen dienen, sondern zu verpflichtenden Zwängen werden.

Die beiden Betten des Prokrustes spiegeln Grundprobleme, mit denen praktisch jeder Klient, der eine Psychotherapie oder psychologische Beratung aufsucht, ringt. Im Zentrum der meisten Behandlungen steht die Frage: »Wer bin *ich* eigentlich und was will *ich* eigentlich?« Es geht darum, den eigenen inneren Willen, die eigenen Gefühle, Wünsche und Sehnsüchte wieder zu entdecken, die häufig schon in früher Kindheit aufgrund eines hohen Anpassungsdruckes verlorengegangen sind. Nicht zufällig ist die »Unendliche Geschichte« von M. Ende gerade heute ein weltweiter Bestseller und ein Kultbuch, denn sie behandelt das Kernproblem des selbstentfremdeten modernen Menschen, der sich auf die große Suche nach seinem wahren inneren Willen machen muß, um die selbstzerstörerische Auflösung seiner Außen- und Innenwelt zu heilen.

Besonders eindrücklich zeigt sich die Prokrustes-Thematik bei depressiven und zwanghaften Menschen. Der depressive Mensch scheint von einer übergewaltigen Prokrustes-Macht in ein viel zu kleines Lebensbett hineingepreßt zu werden. Er erlebt sich als klein, hilflos, unselbständig und minderwertig. Aus Angst, von anderen Menschen nicht geliebt und akzeptiert zu werden, vermeidet und verdrängt er eigene Wünsche, Impulse, Affekte und Triebe. Er neigt dazu, sich anderen Menschen unterzuordnen, sich von ihnen abhängig zu machen oder sich gar für sie aufzuopfern, was allerdings unbewußt häufig mit dem Machtanspruch verbunden ist, diesen Menschen ganz für sich zu haben und ihn mit Hilfe von Dankesschuld und Wiedergutmachungsverpflichtung fest an sich zu binden. Dafür läßt er sich von Prokrustes seine Füße, das heißt seine Eigenständigkeit, und seinen Kopf, das heißt sein eigenes Denken, Wollen und Handeln, abschlagen.

Der zwanghafte Mensch hingegen wird von Prokrustes in ein viel zu großes Bett hoher Ansprüche und Selbstanforderungen hineingezwungen und verliert dadurch seine Beweglichkeit und Lebendigkeit. In seinem Streben nach Dauer, Sicherheit und Ordnung versucht er die ständige Veränderung des Lebens durch genaue Planung, Analyse, Kategorisierung und Systematisierung zu bannen. Prinzipien, Moral, Gesetz, Recht und Ordnung dienen ihm als Schutzwall vor den eigenen spontanen Impulsen. Er verlangt häufig von sich Höchstes und Übermenschliches an Perfektion, Genauigkeit und Korrektheit. Nirgends läßt sich die Tragik und das Leiden des Menschen, der in der Zerreißprobe zwischen Fremdansprüchen und Selbstimpulsen steht, deutlicher erleben als am zwangskranken Menschen. Mit Hilfe von Zwangsritualen und -handlungen muß er das bißchen eigene Leben, das noch in ihm steckt, verzweifelt unterdrücken, weil es ihm panische Angst bereitet.

Der folgende Auszug aus dem Tagebuch einer Mutter, die die Erziehung ihres Kindes im ersten Lebensjahr beschreibt, macht verständlich, wieso sich depressive und zwanghafte Persönlichkeitsstrukturen so tief und fast unüberwindlich in uns eingraben: »Ich habe schon im dritten Monat begonnen, dich an das Töpfchen zu gewöhnen – du solltest so bald wie möglich sauber sein. Du warst ein unruhiges und lebhaftes Kind; wenn du beim Füttern nicht stillhieltest, mußte ich dir ordentlich was hinten drauf geben, bis du es gelernt hattest, stillzuhalten – später genügte es meist schon, wenn ich dich drohend ansah, daß du brav warst. So habe ich von ganz früh an darauf gesehen, daß du deinen Trotz nicht durchsetzen konntest, wie ich es in einem Buch gelesen hatte: Man soll den Trotz im ersten Ansatz brechen. So habe ich auch, wenn du brülltest, wenn ich aus dem Zimmer ging, dir ein paar kräftige Schläge hinten drauf gegeben; du brülltest dann erst noch mehr, aber ich habe dich allein gelassen, bis du dich müde geschrien hattest – es war zu deutlich, daß du mich nur ärgern wolltest. Du warst dann auch lieb; später hat es keinen solchen Machtkampf mehr gegeben, und die Leute wunderten sich, daß du ein so gehorsames Kind warst und schon mit Blicken regiert werden konntest. Manchmal mußte ich mich selbst überwinden, so hart zu sein – aber ich sah ja, daß es so am besten für dich war, und dachte, du würdest später schon verstehen, daß ich nur das Beste für dich wollte und daß ich aus Liebe so streng zu dir war.«[12]

Wessen eigenes Wünschen und Wollen wie in diesem Beispiel schon so früh durch Züchtigung, Liebesentzug, Trennungsdrohung und Verachtung der eigenen Würde erstickt wurde, wagt natürlich später nicht mehr, Fremdansprüchen ein »Nein« entgegenzusetzen und zu sich selbst »ja« zu sagen. Das innere Leben ist versiegt, es ist grau, leer und sinnlos. Unter einem Meer von Traurigkeit brodelt ein Vulkan von tödlicher Aggressivität und Selbstzerstörung. Die modernen Waffensysteme, vor allem die Atombombe, sind so gesehen auch Symbole der destruktiven, lebensbedrohlichen Spaltung und Entfremdung des Menschen von seinem eigenen Wesen. Das scheint das kollektive Zentralproblem des heutigen westlichen Menschen zu sein: Im Spiegel der Atombombe erfährt er sein gigantisches Zerstörungspotential, weil er nichts hat, woraus er konstruktiv und sinnerfüllt leben könnte, denn der Zugang zur Mitte seines Wesens, zu seinem schöpferischen Selbst, ist verschüttet.

Wer innerlich so leer ist und gar nicht mehr spürt, was er selbst will, ist natürlich schnell bereit, den negativ-heroischen Werten unserer Gesellschaft zu folgen. Macht, Erfolg und Prestige bieten sich als verlockende Füllmittel für das Vakuum unserer Seele an, vertiefen aber den Teufelskreis von Selbstentfremdung und Ersatzbefriedigung nur noch mehr. Gibt es überhaupt noch eine Lösung?

Das Schneiderlein bietet uns eine an: Es steigt einfach aus. Zunächst war ja zu befürchten, daß es den mit seinem neu erwachten Selbstbewußtsein verbundenen schattenhaften Größen- und Riesenphantasien verfällt, indem es sich zu den Riesen gesellt, aber in Anbetracht des Riesenbettes wird ihm bewußt, daß diese Riesenphantasien nicht mit seinem eigenen inneren Maß übereinstimmen. Es bleibt sich, trotz aller Gefährdung der Selbstüberschätzung, letztlich doch selbst treu und verläßt sich auf sein instinktives Gefühl, das ihm sagt: »Sei vorsichtig, das ist eine gefährliche Lage. Die Situation ist nicht gut, weil sie dir nicht wesensgemäß ist.«

Schon in der Episode mit dem verführerischen Mus hat das Schneiderlein gezeigt, daß es sich nicht fremdbestimmen und manipulieren läßt, weil es weiß, was für es selbst richtig ist. So steigt es auch hier einfach aus der Verführungssituation aus. Damit scheint es für sich persönlich die Riesenproblematik überwunden zu haben, was sich auch darin ausdrückt, daß die Riesen später panikartig fliehen, als sie es wie einen vom Tode Auferstandenen munter daherschreiten sehen. So erweist sich das tapfere Schneiderlein als einer, der der Destruktivkraft des Heroischen gegenüber immun geworden ist. Das erklärt auch seine Souveränität bei den letzten drei großen Hauptprüfungen, die nicht nur, wie wir sehen werden, persönliche Probleme des Schneiderleins darstellen, sondern vor allem auch kollektive, allgemeinmenschliche Grundkonflikte.

Was heißt es aber nun, einfach auszusteigen? Heute wird vielerorts vom Aussteigen geredet. Meist

wird darunter ein äußeres Aussteigen aus krankma-
chenden beruflichen und gesellschaftlichen Verhält-
nissen verstanden. Dies mag im Einzelfall sehr notwendig sein, aber noch wichtiger scheint es mir, zu
lernen, innerlich auszusteigen, das heißt die geheime
Identifizierung mit den selbstzerstörerischen Einstellungen und Werten aufzugeben, die wir in uns gespei-
chert haben. Ein solches inneres Aussteigen beginnt
damit, daß wir tief in uns hineinhorchen und uns
fragen, welchen geheimen Verführern und Manipula-
teuren, welchen Größenphantasien und Ersatzbefrie-
digungen, welchen negativ-heroischen Werten wir
eigentlich folgen und ob diese Werte wirklich die
unsrigen sind. Wollen wir tatsächlich immer nur mit
anderen Menschen rivalisieren, kämpfen, mehr und
besser sein, oder wollen wir nicht viel lieber mit
anderen Menschen in Freundschaft und in schöpferi-
schem Austausch zusammenleben? Wollen wir nicht
viel lieber gemocht und geliebt werden? Sehnen wir
uns nicht danach, daß uns endlich einer sagt: »Du
bist ein wunderbarer Mensch. Ich mag dich so, wie
du bist.«?

Weil es aber sehr unwahrscheinlich ist, daß das
einer zu uns sagt, solange wir gegen ihn kämpfen,
müssen wir selbst beginnen, es uns und anderen zu
sagen. Erst wenn wir selbst aus unserem inneren
Kriegszustand aussteigen, indem wir aufhören, ständig Anderes und Besseres von uns zu fordern, und
uns liebevoll in unserem Sosein bejahen, können wir
auch unsere »Heldenkämpfe«, die wir ständig nach
außen hin ausfechten, beenden. Wenn wir zu unseren Fehlern, Schwächen, Minderwertigkeiten und

Dummheiten stehen, weil wir uns entschlossen haben, Menschen und keine Ideal-Helden zu sein, können wir auch Toleranz, Mitgefühl und Humor unseren Mitmenschen gegenüber entwickeln.

Psychologische Selbsterfahrungsmethoden, Entspannungsverfahren und Meditation helfen uns bei diesem inneren Aussteigen. Sie ermöglichen es, unsere Ich- und Personaverkrampfung aufzulockern, die scheinbare Wichtigkeit fremdprogrammierter Werte und Einstellungen loszulassen, unsere wahren Bedürfnisse zu verspüren und das Wesentliche vom Unwesentlichen zu trennen. Sie können uns dabei unterstützen, uns auf unser inneres und äußeres Leben offen und fließend einzulassen und uns dabei zunehmend in der eigenen Mitte zu zentrieren.

Ich möchte das Thema Größen- und Heldenphantasien nun abschließen mit einem alten chassidischen Sprichwort, das besagt, daß ein Mensch zwei Hosentaschen benötigt, in die er dann und wann greifen kann, je nachdem, was er gerade braucht. In der rechten Tasche muß er die Worte »Um meinetwillen wurde die Welt erschaffen« aufbewahren und in der linken »Ich bin Staub und Asche«. Dieses Sprichwort zeigt uns sehr schön die Notwendigkeit der Polarität von Größenphantasie und Ohnmachtserleben für unser Dasein. Ohne gewisse Größenphantasien, die uns das Gefühl geben, daß unser Leben ein ganz besonderes Leben, eine große Chance ist und daß unser Leben Bedeutung und Sinn hat, würden wir wenig Motivation zum Lernen und Wachsen haben. Damit diese Ich- und Persönlichkeitsentfaltung aber nicht die ihr förderlichen Grenzen überschreitet und zum Größenwahn auswuchert, bedarf es der Selbstbeschränkung und der Einsicht, daß wir klein und unbedeutend sind. Immer wenn wir in Gefahr sind, unser inneres Maß und damit den Kontakt zu unserer Wirklichkeit zu verlieren, sollten wir uns an den Zettel in unserer linken Tasche erinnern und unsere Pläne und Einstellungen unter dem Blickwinkel unserer Endlichkeit überprüfen. Da der Tod uns von allem Wahn, auch dem Größenwahn, heilt, können wir uns in Anbetracht seiner ständigen Gegenwart vielleicht dann leichter dazu entscheiden, den zermürbenden Heldenkampf aufzugeben und die uns verbleibende allzu kurze Lebensspanne zufriedener und konstruktiver zu verbringen.

Den Seinen gibt's der Herr
im Schlaf

Das Schneiderlein zog weiter, immer seiner spitzen
Nase nach. Nachdem es lange gewandert war, kam
es in den Hof eines königlichen Palastes, und da es
Müdigkeit empfand, so legte es sich ins Gras und
schlief ein. Während es dalag, kamen die Leute,
betrachteten es von allen Seiten und lasen auf dem
Gürtel »Siebene auf einen Streich«. »Ach«, sprachen
sie, »was will der große Kriegsheld hier mitten im
Frieden? Das muß ein mächtiger Herr sein.« Sie
gingen und meldeten es dem König und meinten,
wenn Krieg ausbrechen sollte, wäre das ein wichtiger und nützlicher Mann, den man um keinen Preis
fortlassen dürfte. Dem König gefiel der Rat, und er
schickte einen von seinen Hofleuten an das Schneiderlein ab, der sollte ihm, wenn es aufgewacht
wäre, Kriegsdienste anbieten. Der Abgesandte
blieb bei dem Schläfer stehen, wartete, bis er seine
Glieder streckte und die Augen aufschlug, und
brachte dann seinen Antrag vor. »Eben deshalb bin
ich hierher gekommen«, antwortete er, »ich bin
bereit, in des Königs Dienste zu treten.« Also ward
er ehrenvoll empfangen und ihm eine besondere
Wohnung angewiesen.

Selbst im Schlaf vermittelt uns das Schneiderlein seine Lektion Lebenskunst. Es lehrt uns, daß alle Dinge für ihre Entwicklung Zeit brauchen und zu einer ihnen gemäßen Zeit reif werden, die sich nur selten vorhersehen läßt. In schöpferischen Prozessen unterscheidet man häufig vier verschiedene Phasen: 1. die Vorbereitungsphase, in der man alles tut, was sich aktiv zur Lösung des anstehenden Problems tun läßt, sei dies eine wissenschaftliche Frage, ein künstlerisches Projekt oder ein seelischer Konflikt; 2. die Inkubationsphase, in der man das Problem in sich wirken und arbeiten läßt, ohne es allzusehr vom Bewußtsein her zu beeinflussen; 3. die Lösungsphase, in der in einem meist unerwarteten Augenblick die Lösung des Problems aufleuchtet, und 4. die Realisierungsphase, in der die gefundene Lösung praktisch in die Realität umgesetzt wird. Viele Menschen sind besonders deshalb nicht zu einem schöpferischen Leben fähig, weil sie die Kunst des Los- und Geschehenlassens nicht kennen, wie sie in der zweiten Phase, der Inkubationsphase, erforderlich ist. Ihr Bewußtsein ist nur auf Aktivität, auf Tun und Beeinflussen, auf Machen und »Im-Griff-Haben« eingestellt. Weil sie sich keine Zeit lassen, geduldig zu warten, bis die Saat, die sie in der Vorbereitungsphase gesät haben, Früchte trägt, sondern auf rasche, unausgereifte Erfolge ausgerichtet sind, bleiben die Resultate ihrer oberflächlichen Bemühungen dürr und unbefriedigend. So hetzen sie von einem vermeintlichen Erfolg zum nächsten, immer unter dem Drang, nichts Wesentliches zu versäumen, und versäumen doch alles. Nichts ist verderblicher für das Vertrauen in die eigenen schöpferischen Kräfte und deren Wachstum als Zeit-, Erfolgs- und Leistungsdruck. Das ist so, als würde ein Gärtner versuchen, seine Blumen schneller zum Wachsen und Blühen zu bringen, indem er an ihnen zieht und ihre Knospen aufbricht. Aber die Blumen wachsen von selbst, sie bedürfen nur eines sorgsamen Hegens und Pflegens. Dieses Vertrauen in sich selbst und darauf, daß auch wirklich etwas aus einem herauskommt, wenn man sich nur geduldig und achtsam auf sich selbst einläßt, haben viele Menschen verloren.

Es gehört mit zu den glücklichsten Momenten mancher Psychotherapie, wenn der Klient vielleicht anhand seines Traumes oder einer plötzlichen Einsicht entdeckt, daß in ihm noch neues, vorher unbekanntes Leben, schöpferische Kräfte und tiefe Weisheit verborgen sind. Diese Chance aber nehmen sich Klienten, die alle möglichen Therapie- und Selbsterfahrungsformen erlebnishungrig ausprobieren, ohne sich jemals ganz auf eine Form längere Zeit einzulassen. Es kommt bei der Selbstfindung weniger auf die Art der Methode an als vielmehr auf die Intensität, die Geduld und die Ausdauer, mit der man sich einbringt und mit der man die durch sie angestoßenen Prozesse wirken und wachsen läßt. Wer dies verstanden hat, weiß, daß jede Frage, wenn sie nur ausreichend lang gefragt und »im Herzen«, das heißt mit leidenschaftlichem Engagement, bewegt wird, zu ihrer Zeit die ihr gemäße Antwort findet.

Darauf vertraut wohl auch das Schneiderlein. Nachdem es dem Aufruf seines inneren Selbst zur Lebenserweiterung und Persönlichkeitsentwicklung –

der sich, wie wir gesehen haben, bei ihm in Gestalt von Helden- und Riesenphantasien gezeigt hat – unverzüglich gefolgt ist, Haus, Beruf und Heimat verlassen hat und mit seinen eigenen destruktiven Schattenseiten konfrontiert wurde, ist es nun nach langer Wanderung in einen Königshof gekommen. Es ist müde und weiß wohl auch nicht so recht, wie es nun mit ihm weitergehen soll. Es tut das, was in solchen Situationen manchmal am besten ist, nämlich nichts. Vermutlich denkt es bei sich: »Gut' Ding will Weile haben«, legt sich ins Gras und schläft ein.

Am Rande sei vermerkt, daß uns das Schneiderlein damit die dritte der Lebenskünste für körperliches Wohlbefinden demonstriert: Die erste war die Kunst des mäßigen, aber genußvollen Essens (das verführerische Mus!), die zweite war die Kunst, sich ausreichende körperliche Leichtigkeit und Beweglichkeit zu bewahren, und die dritte ist die Kunst des Entspannens, Ausruhens und Schlafens. Es gibt wohl wenig, was von einer solch heilsamen, regenerativen und ausgleichenden Wirkung ist wie der gesunde, tiefe, ausreichende Schlaf. Die Unfähigkeit des modernen Menschen zu dieser Kunst scheint, neben vielen anderen Faktoren, auch ähnliche Ursachen zu haben wie seine Unfähigkeit zur schöpferischen Lebensgestaltung: eine Ich-Verkrampfung und Ich-Überbewertung – siehe das negative heroische Bewußtsein –, die es ihm unmöglich macht, loszulassen und sich dem inneren und äußeren Leben anzuvertrauen. Die vierte Lebenskunst für körperliches Wohlbefinden – die Freude am Gefühlsausdruck und an der Sinnlichkeit – wird uns im vorletzten Abschnitt »Das Schwein in der Kirche« von dem Schneiderlein nahegebracht.

Während sich nun das Schneiderlein seinem Schlaf und seinem Schicksal anvertraut, tut sein »Kraftgürtel« mit der darauf gestickten »Kraftformel« seine weitere Wirkung. Das bestätigt noch einmal das oben Gesagte. Viele schöpferische Menschen haben erlebt, daß ihnen wesentliche Einsichten im Schlaf oder im entspannten Zustand kamen. Das Ich-Bewußtsein hat dann seine Kontrolle und Oberherrschaft gelockert, und neue Einfälle und Ideen können auftauchen. So auch beim Schneiderlein. Als es erwacht, wird ihm angeboten, in des Königs Dienste zu treten. Dann erleben wir zum wiederholten Mal, wie das Schneiderlein die ihm angebotene Chance sofort nützt. Es überlegt nicht lange, sondern bestätigt dem Abgesandten des Königs, daß dies genau seine Absicht war. Wir können vermuten, daß es eher zufällig an den Königshof gekommen ist und ursprünglich auch nicht die Absicht hatte, in den Kriegsdienst zu treten, aber jetzt deutet es sein Verhalten einfach dahingehend um.

Die richtige und günstige Gelegenheit sogleich beim Schopfe packen zu können ist ein recht schwieriger Aspekt der Lebenskunst. Eine Schwierigkeit liegt darin, sie überhaupt wahrzunehmen. Günstige Gelegenheiten und schöpferische Einfälle treten unverhofft auf, wenn wir gerade mit einer anderen Sache beschäftigt sind. Wir sind dann zu bequem, um jetzt umzuschalten, fühlen uns irritiert, verärgert, schieben die Sache von uns. Dahinter kann natürlich auch die Angst vor dem Neuen und Ungewohnten stehen, unser Streben nach Sicherheit und Ordnung. Manchmal zeigen sich die neuen Möglichkeiten auch in unscheinbarer Gestalt, so daß wir sie nicht genügend ernst nehmen. Eine andere, entgegengesetzte Schwierigkeit kann darin bestehen, daß es uns nicht gelingt, wesentliche Chancen von unwesentlichen zu unterscheiden, und wir allen möglichen Gelegenheiten nachlaufen, immer in der Hoffnung, es könne sich endlich um das große Glück handeln. Die Folge mag dann zunehmender Energieverlust, Verzettelung und Selbstentfremdung sein. Wenn sich Täuschungen und Irrtümer im Prozeß des schöpferischen Lebens auch nicht vermeiden lassen, ja sogar notwendigerweise dazugehören, so lassen sie sich doch beschränken, wenn der Mut zum Neuen mit Besonnenheit und Einsicht in die Grenzen der eigenen Persönlichkeit gepaart ist und wenn einer sensiblen Achtsamkeit für das, was werden könnte, die Fähigkeit gegenübersteht, sich auf das zu beschränken, was jetzt als nächster Schritt real getan werden kann.

Die Episode, die wir gerade besprechen, markiert einen Wendepunkt in unserem Märchen. Während wir das bisherige Geschehen als eine mehr persönliche, individuelle Problematik des Schneiderleins auffassen können oder auch als eine Art Vorübung, in der es sich auf größere Aufgaben vorbereitet, bekommt der weitere Verlauf einen mehr kollektiven, allgemeingültigen Charakter. Die Aufgaben, die es nun zu lösen gilt, betreffen das Schneiderlein nicht mehr allein, sondern ein ganzes Volk. Die drei folgenden Prüfungen weisen auf kollektive Probleme hin, die vom König als dem Repräsentanten des herrschenden kollektiven Moral-, Traditions- und Wertesystems nicht gelöst werden konnten: der Umgang mit Gewalt und Aggression, die Neigung der Menschen zu extremen Standpunkten und der scheinbare Widerspruch zwischen geistig-religiösen und körperlich-sinnlichen Bedürfnissen. Da diese Konflikte letztlich auch Produkt der bereits besprochenen negativ-heroischen Bewußtseinshaltung sind, deren Gefahren das Schneiderlein für sich bereits einigermaßen gemeistert hat, ist es ihm jetzt auch möglich, sie souverän anzugehen. Wie so oft erkennt das herrschende System – der König und seine Soldaten – den Wert der neuen Lebenseinstellung, wie sie vom Schneiderlein vertreten wird, nicht und ist sogar willens, es zugunsten der Aufrechterhaltung der alten Ordnung und der damit verbundenen alten Konflikte zu vernichten. Der König lockt das Schneiderlein in eine Falle, um es sich vom Halse zu schaffen. Er verspricht ihm zwar sein halbes Königreich und seine Tochter dazu, hofft aber hintergründig, es werde die Aufgaben nicht bewältigen und umkommen. Glücklicherweise aber macht er dabei seine Rechnung ohne das Schneiderlein.

Wenn zwei sich streiten, freut sich das Schneiderlein

Dann sprang er in den Wald hinein und schaute sich rechts und links um. Über ein Weilchen erblickte er beide Riesen: sie lagen unter einem Baume und schliefen und schnarchten dabei, daß sich die Äste auf und nieder bogen. Das Schneiderlein, nicht faul, las beide Taschen voll Steine und stieg damit auf den Baum. Als es in der Mitte war, rutschte es auf einen Ast, bis es gerade über die Schläfer zu sitzen kam, und ließ dem einen Riesen einen Stein nach dem anderen auf die Brust fallen. Der Riese spürte lange nichts, doch endlich wachte er auf, stieß seinen Gesellen an und sprach: »Was schlägst du mich?« – »Du träumst«, sagte der andere, »ich schlage dich nicht.« Sie legten sich wieder zum Schlaf, da warf der Schneider auf den zweiten einen Stein herab. »Was soll das?« rief der andere, »warum wirfst du mich?« – »Ich werfe dich nicht«, antwortete der erste und brummte. Sie zankten sich eine Weile herum, doch weil sie müde waren, ließen sie's gut sein, und die Augen fielen ihnen wieder zu. Das Schneiderlein fing sein Spiel von neuem an, suchte den dicksten Stein aus und warf ihn dem ersten Riesen mit aller Gewalt auf die Brust. »Das ist zu arg!« schrie er, sprang wie ein Unsinniger auf und stieß seinen Gesellen wider den Baum, daß dieser zitterte. Der andere zahlte mit gleicher Münze, und sie gerieten in solche Wut, daß sie Bäume ausrissen, aufeinander losschlugen, so lang, bis sie endlich beide zugleich tot auf die Erde fielen. Nun sprang das Schneiderlein herab. »Ein Glück nur«, sprach es, »daß sie den Baum, auf dem ich saß, nicht ausgerissen haben, sonst hätte ich wie ein Eichhörnchen auf einen andern springen müssen: doch unsereiner ist flüchtig!«

In den vorangegangenen Abschnitten hatten wir die Riesen als Symbole für destruktive Größen- und Heldenphantasien gedeutet, die sich in einer Überbewertung und Vereinseitigung solcher Werte wie Größe, Stärke, Kampf, Sieg, Herrschaft und Macht äußern. Jetzt wollen wir den Deutungsschwerpunkt auf einige bisher nur indirekt besprochene Aspekte, die mit dem negativ-heroischen Bewußtsein eng verbunden sind, legen. Aus dem Märchen erfahren wir, daß im Wald des königlichen Reiches zwei Riesen hausen, die mit Rauben, Morden, Sengen und Brennen großen Schaden anrichten. Niemand kann sich ihnen nähern, ohne sich in Lebensgefahr zu bringen. Auch in anderen Sagen und Märchen werden Riesen als leicht reizbar, streitsüchtig und brutal dargestellt, sie verkörpern blindwütige, aggressive und gewalttätige Affekte des Menschen. Über die Entstehungsbedingungen solcher Affekte gibt es viele Theorien. Eine von ihnen besagt, daß Aggressionen dann in uns entstehen, wenn unsere natürlichen Lebensäußerungen und Lebensbedürfnisse übermäßig eingeschränkt

116

werden, wie zum Beispiel unsere Sexualität, unsere Gefühle und unsere Selbstbestimmungsfähigkeit. Wenn wir dann aus Angst vor Ablehnung unsere Enttäuschung, Trauer und Wut über die Unterdrükkung unserer Lebendigkeit nicht einmal mehr auszudrücken wagen, dann staut sich unsere Aggression ins riesenhafte.

Zu den fundamentalsten Bedürfnissen unseres Lebens gehören Geborgenheit, Zugehörigkeit zu anderen Menschen, Liebe, Anerkennung, Wertschätzung und Authentizität, also unser Wunsch, derjenige ganz sein zu können, der wir sind, mit all unseren Schwächen und Stärken. Diese Bedürfnisse werden aber von der negativ-heroischen Lebenseinstellung so tiefgehend verdrängt, daß die damit verbundene Selbstentfremdung und Entmenschlichung bei den meisten Menschen unserer Gesellschaft zu weitgehend unbewußter, grenzenloser Wut und Aggressivität geführt hat. Aber auch noch aus einem anderen Grunde nähren negativ-heroische Werte unsere Reizbarkeit und Aggression. Wir hatten ja bereits gesehen, daß, je mehr wir uns mit diesen Werten identifizieren, desto größer das ihnen entsprechende untergründige Ohnmachts- und Minderwertigkeitserleben sein muß. Bleibt uns letzteres unbewußt, dann entwickelt sich aus der Wechselwirkung zwischen Ohnmacht und Allmacht ein verheerender Teufelskreislauf: Das unbewußte Minderwertigkeitsgefühl erzeugt in uns eine ständige innere Verunsicherung und Angst. Wir fühlen uns schnell von anderen angegriffen und reagieren auf jede vermeintliche Kränkung sofort mit einer Verstärkung unserer Potenzde-

monstration. Da die Verstärkung dieser Allmachts-
pose uns aber immer weiter von unserem tatsächli-
chen Wesen entfernt, wächst unser Unsicherheitsge-
fühl und die Angst, dem nach außen dargestellten
Anspruch nicht gerecht werden zu können. Deshalb
sind heroische Menschen häufig so leicht reizbar und
so sehr auf ihre Ehre, ihren Stolz und ihre Würde
bedacht, weil sie genügend heimlichen Grund haben,
diese bei sich zu bezweifeln. Ihr Anspruch, immer
ernst genommen zu werden, weist darauf hin, wie
lächerlich zu sein sie befürchten. Denken wir nur
daran, wie der Riese auf dem Berg, dem das Schneiderlein nach seinem Aufbruch in die Welt begegnet
ist, auf dessen freundlichen Gruß reagiert hat: »Du
Lump! Du miserabler Kerl!« Offenbar fühlte er sich
schon dadurch stark verunsichert, daß ein so
schmächtiger, kleiner Kerl es wagte, ihm ohne Angst
zu begegnen. So sind von Heldenphantasien aufge-
blasene Menschen wie ein Pulverfaß, das nur eines
kleinen Funkens bedarf, um zu explodieren. C. G.
Jung schreibt dazu: »Ein aufgeblasenes Bewußtsein
ist immer egozentrisch und nur seiner eigenen
Gegenwart bewußt . . . Es ist von sich selber hypnoti-
siert und läßt darum auch nicht mit sich reden. Es ist
daher auf Katastrophen angewiesen, die es nötigen-
falls totschlagen.«[13]

Das Schneiderlein steht also jetzt vor der Aufgabe, mit diesen Riesenaffekten so umzugehen, daß
sie keinen weiteren Schaden mehr anrichten. Aus
eigener vorangegangener Erfahrung kennt es deren
Eigenart und Reaktionsweise, so daß es ihnen nicht
mehr verfällt, sondern sie sogar als Waffe gegen sie

selbst einsetzen kann. Es setzt Affekt gegen Affekt, um deren Destruktivität zu überwinden. Was das genauer heißen mag, wollen wir etwas später überlegen. Zunächst wollen wir uns noch eine typische Reaktionsweise der Riesen, auf die das Schneiderlein seine Taktik aufbaut, ansehen.

Das Schneiderlein geht davon aus, daß die Riesen aufgrund ihrer Empfindlichkeit und Kränkbarkeit von ihrer einmal gefaßten Meinung, der jeweils andere habe sie beworfen, nicht abgehen werden und sich so in einen tödlichen Kampf hineintreiben lassen. Wer kennt nicht diesen Aufschaukelungseffekt, den uns das Schneiderlein da mit den Riesen mustergültig vorexerziert, wo ein kleiner Anlaß sich zu einem mörderischen Krieg ausweitet! Nicht nur die Weltgeschichte, sondern auch unsere alltäglichen Beziehungsgeschichten liefern uns beeindruckende Beispiele für die blinde Macht der Riesenemotionen in uns. Folgendes Beispiel ist frei erfunden, und etwaige Übereinstimmungen mit uns wären rein zufällig:

Ein Mann sitzt am Samstagabend hinter seiner Zeitung. Es ist eine gewisse Beziehungssättigung und allgemeine Unlust in ihm. Er kann sich selbst gerade nicht besonders leiden, auch der Partner ist ihm gleichgültig, und er tut so, als wolle er seine Ruhe. Wahrscheinlich aber wäre er ganz froh, er könnte irgendwo seine Unzufriedenheit und die damit verbundene Aggression ablassen. Die Frau spürt die Spannung ihres Mannes. Sie fühlt sich verunsichert, besorgt, verärgert, weil sie sich den Abend anders vorgestellt hatte und gerade jetzt ein starkes Bedürfnis nach liebevoller Zuwendung verspürt. Sie fragt in

einem ängstlich-aggressiven Ton: »Ist was mit dir?«
Der Mann empfindet diese Frage als lästig, er will
jetzt nicht (schon wieder) über seine Gefühle und
Probleme reden, meint, er wolle seine Ruhe, und
antwortet seiner Frau in gleichgültig-sein-sollender,
aber gereizter Weise: »Nein, es ist nichts.« Natürlich
spürt er, daß seine Antwort im Gegensatz zu seinem
Verhalten steht und daß sie seine Frau nicht zufrie-
denstellen wird. Er hofft ja heimlich, daß sie weiter-
macht und ihm dadurch die Gelegenheit zu einem
Streit gibt. Er übermittelt ihr eine doppelte Bot-
schaft: »Laß mich in Ruhe« und »Frag mich weiter«. ✗
Dadurch kann er sich später vormachen, er hätte den
Streit nicht angefangen.

Die Frau reagiert wie insgeheim erwünscht: »Ich
merke doch, daß mit dir etwas nicht stimmt.« Hier
hätte sie nun noch innehalten und die Sache in ein
anderes Fahrwasser bringen können, aber ihr innerer
Riese hat seine Chance gewittert, sich etwas Aktivität
zu verschaffen. Er meint, es sei nun an der Zeit,
zurückzuschlagen. Deshalb redet sie gleich weiter:
»Nie sagst du mir, was wirklich in dir vorgeht.«
Damit sagt sie ihrem Mann so beiläufig, daß er ein
partnerschaftsunfähiger, notorischer Lügner ist.

»Hör auf, mich auszufragen und auszuhorchen;
laß mich in Ruhe!« Der andere Riese ist nun auch
ganz aufgewacht. Er weiß, daß die Frau sich ihre
Anteilnahme am Partner nicht gern als Aushorchen
interpretieren läßt, und schlägt damit zurück, daß er
behauptet, sie wolle ihn ausspionieren, damit sie ihn
kontrollieren und beherrschen könne. Damit der
Kampf in Gang bleiben und eskalieren kann, vertei-

digt sich nun jeder durch eine geschickte Auswahl von Reizworten, die der gemeinsamen Partnergeschichte entstammen, so daß der andere sich gleichzeitig getroffen und verletzt fühlt: »Du bist genauso verstockt wie dein Vater. Du weißt ja, wohin das bei deinen Eltern geführt hat.« Sie vergleicht ihn mit seinem Vater, unter dessen autoritärer und wortkarger Erziehung er selbst gelitten hat, so daß er immer versuchte, anders zu sein als er. Da trifft es ihn natürlich besonders hart, daß er so sein soll wie sein Vater. Außerdem droht sie mit der gescheiterten Ehe der Eltern.

»Heute kann ich meinen Vater auch besser verstehen. Meine Mutter hat an ihm genauso ständig herumgenörgelt wie du an mir.« Er nimmt den ihm unangenehmen Vergleich mit seinem Vater an, um ihr eins auswischen zu können, indem er sie mit seiner Mutter, die sie wiederum nicht ausstehen kann, vergleicht. Er wirft ihr Nörgelei vor, was sie nun ganz und gar haßt, weil das seit langem einer seiner Standardvorwürfe ist.

»An dir kann man auch nur noch herumnörgeln. Seit unserer Heirat hast du dich immer mehr gehen lassen. Du bist dick, langweilig und bequem geworden. Du bist auch gar nicht mehr nett zu mir!«

»Bevor du an mir herumnörgelst, stell dich doch erst einmal selbst vor den Spiegel. Manchmal überlege ich mir allen Ernstes, ob das überhaupt noch die Frau ist, die ich einmal geheiratet habe. Du hast nur noch die Kinder und den Haushalt im Kopf. Außerdem ist deine Figur auch nicht mehr die, die sie einmal war. Manchmal muß ich mich direkt überwinden, um mit dir zu schlafen!« (Ring frei zur letzten Runde!)

Sie weint und fängt an zu schreien: »Du gemeiner, niederträchtiger Lump! Das sagst du mir nicht noch einmal. Was bildest du dir eigentlich ein, wer du bist? Geh doch zu den Nutten, damit du endlich mal wieder einen richtig hochkriegst. Aber glaube nur nicht, daß die soviel Zeit und Geduld damit haben wie ich bisher. Du bist ein Scheusal, du ekelst mich an! Ich hasse dich! Ich könnte dich...«

»Schrei hier nicht so hysterisch rum. Du gehörst ja in ein Irrenhaus. Ich warne dich. Hör auf, mich zu schlagen...«

Das Ende dieses Dialogs sich auszumalen sei den Phantasien und Erfahrungen des Lesers überlassen. Während wir uns aber den Ausgang des Riesenkampfes in düsteren Farben ausmalen, liegt unser Paar vielleicht schon wieder versöhnt im Bett und glaubt sich zu lieben wie noch niemals zuvor.

Wenn wir also jetzt darangehen, uns zu fragen, wie wir mit solchen Affekten am konstruktivsten umgehen können, müssen wir uns vor allem vor Augen führen, daß sie meist nur deshalb ein solch destruktives Ausmaß annehmen, weil wir sie nicht rechtzeitig mitleben lassen. Aggressionen sind grundsätzlich notwendige Kräfte zur Selbsterhaltung und Selbstverwirklichung. Ohne die Fähigkeit, auf das Leben mit Ansprüchen und Forderungen zuzugehen oder sich den Einflüssen der Umwelt gegenüber abzugrenzen, ist schöpferisches, eigengestalterisches Leben nicht möglich. Hinter manch sinnlos erscheinender Aggression steht der Drang des Lebens nach

Entwicklung und Veränderung, nach der Überwindung festgefahrener und erstarrter Lebensformen. Selbst die zarteste Pflanze bedarf einer unnachgiebigen Aggression, um durch die verkrustete Erde hindurchbrechen und ihre Blüte der Sonne öffnen zu können. Unsere bedrohlich erscheinenden Riesenemotionen wie Rachsucht, Zorn, Gier, Neid, Eifersucht und Haß sind so gesehen negativ gewordene, übersteigerte Ausdrucksformen des Selbsterhaltungstriebes eines unterdrückten und gequälten Wesens.

Als nächstes müssen wir verstehen, daß wir jene Kräfte in uns, vor deren Gewalt wir uns so fürchten, mit eben der gleichen Gewalttätigkeit unterdrücken. Eine aufgestaute Energie bedarf einer gleich großen, wenn nicht noch größeren Gegenenergie, um nicht durchzubrechen. Indem wir die Gewalttätigkeit in uns verdrängen, sind wir genauso gewalttätig. Deshalb müssen wir versuchen, diese beiden gewalttätigen Kräfte, die sich in erstarrten Fronten gegenüberstehen, in Bewegung und in Kontakt zueinander zu bringen. Das geht natürlich nicht allein durch das Denken, sondern nur durch ein ganzheitliches Einlassen auf sie, sie müssen auch gefühlt, körperlich empfunden und erlitten werden. Die moderne Psychotherapie kennt viele Methoden, um solche sich feindlich gegenüberstehenden Energiekomplexe miteinander in Dialog zu bringen. Will man beispielsweise versuchen, seine gewalttätigen Moral- und Idealvorstellungen in einen fruchtbaren Austausch mit seinen gewalttätig gewordenen Instinkt- und Triebseiten treten zu lassen, dann kann dies auf mehr sanfte Weise dadurch geschehen, daß man beide Seiten künstlerisch gestaltet (malt, modelliert, tanzt), imaginiert oder spielerisch übt. Eine direktere, härtere Form ist, sich abwechselnd mit beiden Parteien zu identifizieren und den Streit auszufechten. Man läßt zum Beispiel seine Rachsucht mit jener anderen Instanz kämpfen, die von einem immer verlangt, daß man als Idealmensch doch über den Dingen stehen solle. So eine Auseinandersetzung kann je nachdem, wie groß die Angst und die Spaltung zwischen den Seiten ist, sehr lange Zeit benötigen. Indem man es aber immer wieder wagt, die feindlichen Anteile nach der Methode des Schneiderleins zur Auseinandersetung miteinander zu reizen und zu provozieren, verlieren sie nach und nach ihre destruktive Energie. Sie können schließlich so uninteressant werden wie ein Spielzeug, dem man entwachsen ist. Das ganze vordem vielleicht so ängstigende, brennende Problem ist für einen dann »gestorben«, und die Energie, die in dem Konflikt gebunden war, steht jetzt für sinnvollere Aufgaben zur Verfügung.

Auch in partnerschaftlichen Konfliktsituationen ist es oft notwendig, dem Affekt-Riesen in uns genügend Ausdruck zu verschaffen, damit wir spüren können, worunter wir eigentlich leiden. Wenn wir merken, daß unser Riese wieder einmal – vielleicht auch aus uns nicht näher verständlichen Gründen – große Lust hat, sich Bewegung zu verschaffen, und sich zum Kampf bereit macht, dann können wir zum Beispiel so zu ihm sprechen: »O.K., alter Freund, du brauchst also wieder mal Action. Du mußt mal wieder beweisen, wer du bist. Einverstanden. Zeig ruhig mal, was du kannst. Aber du weißt: Tiefschläge sind verboten. Du kannst behende, schlagfertig, ausdauernd sein, aber keine Tiefschläge. Und nicht länger als fünfzehn Minuten. So, und jetzt hinein in den Kampf.« Indem man das tut, verschreibt man sich den Streit selber, man akzeptiert seine aggressive Lust und gewinnt eine entspanntere, spielerischere und distanziertere Haltung. Dadurch verfällt man nicht so leicht unbewußten Reaktionsmechanismen.

Wenn dann die Schlacht geschlagen ist und beide Parteien sich etwas beruhigt haben, kann man sich zu zweit oder auch allein die Frage stellen, wo denn nun das Schneiderlein gesessen haben mag, das die Steine des Anstoßes geworfen hat. Wir können davon ausgehen, daß gerade bei unverständlichen Streitereien das Schneiderlein in uns die Absicht hatte, auf verdrängte Bedürfnisse und Konflikte hinzuweisen. Das Schneiderlein arbeitet auf Veränderung des Beziehungssystems hin, und seine aufreizenden Steinwürfe zielen darauf ab, festgefahrene, feindlich zueinander stehende Beziehungsmuster aufzulösen. Wenn wir also nach einem Streit danach fragen, wo das Schneiderlein gesessen hat, dann fragen wir danach, was die mehr oder weniger geheimen Auslöser der Streitlust waren.

Wir wissen oder spüren meistens ziemlich deutlich, daß sich hinter vordergründigen Streitthemen ganz andere Motive verstecken. War es ein unverarbeiteter Ärger im Beruf, mit dem Partner, den Kindern, den Nachbarn? Gibt es irgendwo heimliche Sorgen und Ängste, die man sich noch nicht zugestanden hat? Fühlen wir uns sexuell zu kurz gekommen? Hat einen der Partner irgendwann sehr enttäuscht, ohne daß man es ihm gesagt hat? Es gibt aber auch Fälle, wo man auch bei bestem Bemühen keinen Anhaltspunkt für seine aggressive Gereiztheit findet. Dann hat sich das Schneiderlein zu gut versteckt und weiß sich geschickt zu tarnen. Wir wissen ja: Schneiderlein sind listig, geschwind und flüchtig. Häufen sich solche Fälle unerklärlicher Aggression, dann ist es gut, einen Fachmann aufzusuchen, der sich mit den Tricks des Schneiderleins auskennt und weiß, wo es sich am liebsten aufhält. Oft erweist sich dann die Suche nach dem Schneiderlein als hilfreich und konstruktiv. Man mag dann entdecken, daß es etwas in Bewegung gebracht hat, was vielleicht zunächst als sehr schmerzvoll empfunden wurde, aber schließlich doch eine Erweiterung und Vertiefung des Lebens ermöglicht.

Das verbohrte Einhorn

Er brauchte nicht lange zu suchen, das Einhorn
kam bald daher und sprang geradezu auf den
Schneider los, als wollte es ihn ohne Umstände aufspießen. »Sachte, sachte«, sprach er, »so geschwind
geht das nicht«, blieb stehen und wartete, bis das
Tier ganz nahe war, dann sprang er behendiglich
hinter den Baum. Das Einhorn rannte mit aller
Kraft gegen den Baum und spießte sein Horn so
fest in den Stamm, daß es nicht Kraft genug hatte,
es wieder herauszuziehen, und so war es gefangen.
»Jetzt hab ich das Vöglein«, sagte der Schneider,
kam hinter dem Baum hervor, legte dem Einhorn
den Strick erst um den Hals, dann hieb er mit der
Axt das Horn aus dem Baum, und als alles in
Ordnung war, führte er das Tier ab und brachte es
dem König.

Mit der Überwindung der Riesen hat uns das
Schneiderlein gezeigt, wie Probleme der Aggression und Gewalt, die auf eine krankmachende
Spaltung von Grundbedürfnissen in der Seele des
Menschen zurückzuführen sind, durch einen dialogi-
schen Prozeß von Auseinandersetzung und Annähe-
rung gelöst werden können. Bei seiner nächsten Auf-

gabe – dem Einfangen des wilden Einhorns, das im Walde der unbewußten Seelenbereiche des Menschen großen Schaden anrichtet – wird es nun mit einer Macht konfrontiert, die in hohem Maße verantwortlich ist für das Auseinanderreißen und Vereinseitigen von Gegensatzpaaren, die im Sinne eines Ergänzungsverhältnisses eigentlich zusammengehören.

Was ist das für ein merkwürdiges Tier, das auf den Schneider losstürmt, einem gereizten Nashorn oder einem wütenden Stier gleich, und das er mit torerohafter Geschicklichkeit bezwingt?

Dem Einhorn als Fabelwesen wurden, wie auch den Riesen, von alters her ambivalente Eigenschaften zugeschrieben. Insgesamt erscheint es aber eher als positive Gestalt mit heldenhaften Zügen, so daß es häufig als Wappentier Verwendung fand. Als solches repräsentierte es göttliche oder königliche Herrschaft, Stärke und Macht, aber auch Lebenskraft und furchtlose Selbständigkeit. Sein eines Horn weist auf die Fähigkeit hin, konzentriert, geradlinig und kraftvoll in einen Sachverhalt einzudringen und vorzustoßen.

Wenn wir hierbei von der offensichtlichen phallisch-sexuellen Symbolik absehen – das Thema der Sexualität kehrt noch drastischer in der letzten Prüfung des Schneiderleins wieder –, können wir das Einhorn als Sinnbild für zielstrebige, aggressive Energie verstehen, die es ermöglicht, sich mit Entschlossenheit, Mut und Konsequenz seinen Weg zu bahnen und sich in neue geistige Dimensionen vorzuwagen. Im Vergleich zu den Riesen ist hier die aggressive Energie nicht stumpf und blind, sondern spitz und gerichtet. Daß das Horn seiner Stirn, dem Sitz des Geistes, entspringt, deutet darauf hin, daß vornehmlich eine geistige Aggressivität und Eindringlichkeit gemeint ist, die ja jedem Erkenntnisprozeß zugrunde liegt. So gesehen ist das Einhorn auch ein Symbol des freien, alles durchdringenden Geistes, der aber äußerst destruktiv werden kann, wenn er nicht dem Leben verpflichtet ist. Dazu paßt, daß man in ihm auch ein böses, wildes, grausames Tier sah und es mit dem Teufel als einer ungebändigten, dämonischen Naturmacht in Verbindung brachte. Der ungezähmte, zügellose, freie Geist kann ebensolche vernichtenden Wirkungen entfachen wie eine Naturkatastrophe. Das hängt mit seiner einerseits in begrenztem Umfange notwendigen, andererseits aber äußerst verheerenden Neigung zusammen, den jeweiligen Standpunkt zu verabsolutieren und zu extremisieren. Und hierin liegt nun die besondere Gefahr, der das Schneiderlein im Einhorn begegnet.

Obwohl der Geist die Tendenz hat, das Bewußtsein des Menschen zu erweitern und neue Erkenntnisse zu gewinnen, indem er die zu erkennenden Inhalte von anderen Inhalten trennt, isoliert, zergliedert und unterscheidet, kann er sich selbst auch unbewußt werden und damit einer destruktiven Dynamik verfallen. Deshalb sprach Jung in diesem Zusammenhang von einem paradoxen Unbewußtwerden des Bewußtseins. Wird ein bewußter Standpunkt so dominant, daß er alle anderen Standpunkte ausschließt, bekämpft oder verdrängt, dann verliert er seine eigene Relativität. Er kann nicht mehr in Frage gestellt werden und wird unbewußt, das heißt, er entzieht sich bewußter Kontrolle. Man ist dann wie besessen von einem dämonischen Geist, der einen zu Fanatismus, Intoleranz, Rechthaberei, Prinzipienreiterei, Perfektionismus, einer übermäßigen Strenge und Härte sich selbst und anderen Menschen gegenüber treiben kann. Eine solche alles beherrschende »heilige« Überzeugung zwingt einen zu verbissener Ernsthaftigkeit und Wichtigkeit, so daß man »da einfach keinen Spaß mehr verstehen kann«. Typisch dafür ist die Humorlosigkeit autoritärer, dogmatischer und diktatorischer Persönlichkeiten, die mit Rücksichtslosigkeit und Verachtung die Auffassungen und Gefühle anderer Menschen überrennen. Ähnlich starre Einstellungen kennen wir aus unseren alltäglichen Diskussionen und Streitereien, die so unfruchtbar verlaufen, weil niemand von seinem Standpunkt ablassen will, oder auch aus solchen Situationen, wo uns blinder Eifer und Ehrgeiz weit über unser Ziel hinausschießen lassen. Wir können dann so fixiert und verbohrt in unsere Ideen sein – wir haben uns sprichwörtlich in sie »verrannt« –, daß wir mit dem Kopf durch die Wand wollen und dabei riskieren, uns in unser eigenes Unglück zu stürzen.

Die Gefährlichkeit des einhörnigen, einseitig ausgerichteten Geistes liegt also darin, daß er die Seele und die Welt des Menschen in scheinbar unvereinbare Gegensatzpaare wie gut und böse, richtig und falsch, positiv und negativ spaltet. Wenn aber die Seele des Menschen in feindliche Lager gespalten ist, dann sind auch seine Beziehungen, seine Partnerschaften, seine Familie, seine Lebens- und Berufsgemeinschaften gespalten. Sind aber seine Beziehungen gespalten, sind auch Umwelt, Gesellschaft, Kultur und Religion gespalten. Ist die Gesellschaft gespalten, dann sind auch die Nationen gespalten. Sind die Nationen gespalten, sind auch Erde und Kosmos gespalten.

Was können wir nun tun, wenn eigene oder fremde Einhörnigkeit uns und andere zu maßlosem, unnachgiebigem Verhalten und zur Aufspaltung in Freund und Feind hinreißen will?

Nach alter Überlieferung gibt es zwei besondere Methoden, mit denen das Einhorn gefangen werden kann. Nach der ersten sollte man eine reine Jungfrau in seine Nähe bringen, wenn es gejagt wird. Es flüchte dann in den Schoß der Jungfrau, könne von ihr gezähmt und in den Palast des Königs gebracht werden. Die zweite Methode ist eine drastischere Variante der ersten, ihrer bedient sich auch das Schneiderlein. So gibt es Sagen vom Kampf eines Löwen mit einem Einhorn, in denen sich der Löwe vor einen Baum stellt und dem anstürmenden Einhorn dann so blitzschnell ausweicht, so daß es sein Horn tief in den Stamm einbohrt und dadurch wehrlos wird[14].

Das bedeutet also, daß die gewalttätige Stoßkraft des Geistes hier nicht durch Gegengewalt, sondern durch das ihm gegensätzliche Prinzip des sanften, aufnahmebereiten Annehmens und Mitgehens gezähmt wird. Die im positiven Sinne passive, hingebungsvolle, abwartende Jungfrau und das nachgiebige, weiche, aber in seiner Weichheit auch starke Holz des mütterlichen Lebensbaums bieten dem Angriff der drängend-aggressiven Impulse des Einhorns keinen kämpferischen Widerstand, so daß sie sich auflösen oder in sich selbst festrennen.

Den Angriff des Gegners so zu nutzen, daß er ins Leere läuft, in seiner Wirkung verpufft und schließlich sich sogar gegen den Angreifer selbst wendet, ist die Grundlage vieler asiatischer Kampftechniken, zum Beispiel des Judo, der »sanften« Kunst der Selbstverteidigung; sie spielt auch beim Ringen, Boxen und Fechten eine wichtige Rolle. Ein rhetorischer Trick, der in Diskussionen Anwendung findet, besteht darin, daß man seinen »Gegner« zu extremen Äußerungen provoziert, um ihn auf diese Weise leichter widerlegen zu können oder als unglaubwürdig erscheinen zu lassen. Lebenskunst ist in vielerlei Hinsicht auch so etwas wie ein psychologisches Jiu-Jitsu: Überall, wo sich Menschen und Probleme, seien sie innen oder außen, als einhörnig, das heißt hartnäckig, penetrant und extremisierend erweisen, kann man versuchen, sie dadurch zu überwinden, daß man mit ihnen mitgeht und die in ihnen enthaltene Energie sich in sich selbst verlaufen läßt, wodurch sie sich aufhebt.

Wir haben ein solches Vorgehen bereits im Kapitel über die sanfte Kunst der Umdeutung kennengelernt. Indem ein Problem in einen Zusammenhang gestellt wird, wo es erlaubt und berechtigt ist, wird es unproblematisch und verschwindet. Stellen Sie sich die verblüffende Wirkung vor, die entsteht, wenn Sie einem Menschen, der gerade beginnt, Sie anzugreifen, zu kritisieren und zu beschimpfen, freundlich sagen: »Ich glaube, Sie haben ganz recht mit Ihren Vorwürfen. Ich habe mich wirklich nicht gut verhalten.« Die Wirkung ist möglicherweise, daß der Betreffende überrascht innehält, sprachlos wird und einige hilflose Bewegungen macht, weil er dieses Zugeständnis von Ihnen am wenigsten erwartet hätte. Sie haben ihm seine Angriffsfläche entzogen, und jetzt dauert es eine Weile, bis er sich aus seiner Verwirrung erholt und sich auf die neue Situation eingestellt hat.

Dieses Zustimmen läßt sich auf viele Probleme übertragen, die durch Einhörnigkeit, Dickköpfigkeit und Zwanghaftigkeit entstehen. Zum Beispiel wird in der Therapie mit einem Paar, das unter sexueller Impotenz leidet, vertraglich vereinbart, daß es für eine bestimmte Zeit, ein oder mehrere Monate, sexuell enthaltsam leben soll. Es darf zwar Zärtlichkeiten austauschen, aber keinen Intimverkehr haben. Dadurch werden sie von ihrem einhörnigen Druck, mit Gewalt einen Verkehr herbeiführen zu müssen, um ihr Problem zu lösen, befreit. Die Zustimmung zur sowieso vorhandenen Enthaltsamkeit (die Impotenz wird hier als erwünschte und berechtigte Enthaltsamkeit umgedeutet) führt in der Regel dazu, daß es zu einem spontanen, vom Leistungsdruck befreiten Intimverkehr und damit zum Bruch des therapeutischen Vertrages kommt, was ja der geheime Zweck des Vorgehens war. Noch ein anderes Beispiel sei angeführt: Ein Lehrer steht in seiner neuen Klasse vor dem Problem, daß ein Schüler in einer Unterrichtsstunde wiederholt mit Händen und Füßen zu trommeln beginnt, so als würde er Schlagzeug spielen. Gutes Zureden und Ermahnungen haben jeweils nur kurzfristige Wirkung. Der

Lehrer spürt, daß der Schüler auf diesem Wege unbewußt versucht, Aufmerksamkeit und Anerkennung zu bekommen, und dabei auch in Kauf nimmt, Aggressionen beim Lehrer und den Mitschülern zu wecken. Provokation scheint die letzte Möglichkeit für ihn zu sein, Bestätigung zu erhalten. Als er wieder mit Trommeln anfängt, unterbricht der Lehrer seinen Unterricht, bittet die restliche Klasse um Ruhe und läßt sie dem Trommelsolo eine Weile zuhören. Der Trommler beendet bald etwas verlegen seine Darbietung, und der Lehrer spricht mit ihm über das Trommeln. Er bittet ihn, ihm und der Klasse, wenn er wieder einmal Lust dazu hat, eine weitere Probe seines Könnens zu geben; er könne sich ruhig melden, könne auch nach vorne kommen und man werde ihm dann gern etwas Zeit dazu einräumen. Diese Regelung hatte zur Folge, daß der Schüler sein störendes Trommeln einstellte.

In den vorangegangenen Kapiteln hatten wir Lebenskunst als die Kunst beschrieben, so gut es geht die eigene Mitte zu bewahren, wobei mit der eigenen Mitte kein statischer Ruhepunkt gemeint ist, sondern ein dynamisches Kreisen oder Pendeln um die Mitte. Das Einhorn stellt nun jene Kraft dar, die uns zwar im Sinne einer Lebenserweiterung vorwärts treibt, aber auch dazu verführt, daß wir unsere Mitte verlassen und uns in Extreme verrennen. Um dieser Gefahr vorzubeugen, gibt es einige kleine, aber wirksame Hilfsmittel. Das erste ist, daß wir uns auf unsere Einhörnigkeit sensibilisieren. Sie zeigt sich in Unlust- und Ärgerreaktionen auf die Ansichten von anderen Menschen, in unserem erhobenen Zeigefinger (in dem sich autoritäre, aggressive Eindeutigkeit und Rechthaberei ausdrückt), in einer zu aufrechten oder starren Körperhaltung, unterstützt vielleicht durch einen zu hoch erhobenen Kopf, und im Gebrauch von Absolutheits- und Ausschließlichkeitsbegriffen wie: immer, nie, auf keinen Fall, endgültig, das ist richtig, das ist falsch, unmöglich, nichts als, einzig und allein.

Wenn wir solche Einhörnigkeitsanzeichen bei uns feststellen, aber nicht sehen können, wieso es sich bei ihnen nicht um letzte Wahrheiten handelt und wieso sie einseitig sind, dann können wir versuchen, den eigenen Standpunkt am ihm gegensätzlichen Standpunkt zu überprüfen. Psychologische Untersuchungen haben gezeigt, daß Einstellungsveränderungen am schnellsten geschehen, wenn wir uns mit der uns entgegengesetzten Einstellung identifizieren (zum Beispiel in einem gespielten Rollentausch). Wir können die Situation eines anderen Menschen am besten verstehen, wenn wir einmal selbst in seiner Lage gewesen sind. Eine weitere Möglichkeit besteht darin, daß man seinen Standpunkt künstlich ins Extrem treibt, um dann seine Schwäche und Einseitigkeit besser wahrnehmen zu können. Wenn es uns auf diese Weise gelingt, das Einhorn in uns zu zähmen, dann können wir seine Begeisterungsfähigkeit und seinen Tatendrang um so mehr genießen.

Das Schwein in der Kirche

Der König wollte ihm den verheißenen Lohn
noch nicht gewähren und machte eine dritte Forderung. Der Schneider sollte ihm vor der Hochzeit
erst ein Wildschwein fangen, das in dem Wald
großen Schaden tat; die Jäger sollten ihm Beistand
leisten. »Gerne«, sprach der Schneider, »das ist ein
Kinderspiel.« Die Jäger nahm er nicht mit in den
Wald, und sie waren's wohl zufrieden, denn das
Wildschwein hatte sie schon mehrmals so empfangen, daß sie keine Lust hatten, ihm nachzustellen.
Als das Schwein den Schneider erblickte, lief es mit
schäumendem Munde und wetzenden Zähnen auf
ihn zu und wollte ihn zur Erde werfen: der flüchtige Held aber sprang in eine Kapelle, die in der
Nähe war, und gleich oben zum Fenster in einem
Satz wieder hinaus. Das Schwein war hinter ihm
hergelaufen, er aber hüpfte außen herum und
schlug die Türe hinter ihm zu; da war das wütende
Tier gefangen, das viel zu schwer und unbehilflich
war, um zu dem Fenster hinauszuspringen. Das
Schneiderlein rief die Jäger herbei, die mußten den
Gefangenen mit eigenen Augen sehen: der Held
aber begab sich zum Könige, der nun, er mochte
wollen oder nicht, sein Versprechen halten mußte

und ihm seine Tochter und das halbe Königreich übergab.

Mit seinem letzten Meisterstück gelingt unserem »flüchtigen Helden« nun noch die Aufhebung einer Spaltung, die unsere christlich-abendländische Kultur seit Jahrhunderten bis zum heutigen Tage in hohem Maße belastet und aus dem Gleichgewicht gebracht hat. Es gelingt ihm, das Schwein in die Kirche zu bringen. Hiermit ist weniger die Überwindung der Spaltung gemeint, die sich aus dem Gegensatz von dem Schwein als einem matriarchalen Fruchtbarkeitssymbol und den patriarchalen Religionsformen ergibt, sondern vielmehr diejenige, die aus der Spannung zwischen »höheren«, geistigen Lebenswerten und den »unteren« Instinkt- und Triebbereichen des Menschen entsteht. Untersuchen wir, in welchen Redensarten und assoziativen Zusammenhängen das Wort »Schwein« oder »Sau« auftaucht, dann stoßen wir auf Eigenschaften, die einem starken Tabu unterworfen sind: Wollust, undisziplinierte Gefräßigkeit, Faulheit und Trägheit, Maßlosigkeit, Wühlen im Schmutz und Dreck, Unreinheit, Niedrigkeit, Verrohung, Dummheit und blinde Aggressivität. Wir spüren in diesen Begriffen unsere tiefe Verachtung gegenüber einer »primitiven«, naturhaften Instinktwelt. Könnten wir uns aus unserer anerzogenen Körper- und Triebfeindlichkeit lösen, die in solchen negativen Projektionen auf das Schwein sichtbar wird, dann könnten wir erfahren, daß in den ihm zugeordneten Eigenschaften eine Menge urtümlicher Vitalität, Genußfähigkeit und

Lebenslust steckt. Von alters her aber haben sich die verschiedensten religiösen Systeme bemüht, diese Seiten im Menschen abzutöten: durch Gebete, Meditations- und Konzentrationstechniken, Willensschulung, Vegetarismus, Abhärtung, asketische Übungen wie Enthaltsamkeit und Fasten, Kasteiung, Selbstbestrafung und Geißelung.

So wichtig es auch für unsere Entwicklung zum autonomen und gesellschaftsfähigen Individuum ist, in gewissen Grenzen Triebverzicht und Triebaufschub zu leisten, so darf doch nicht von der psychologisch verkehrten Vorstellung ausgegangen werden, das vitale, instinktive Leben des Menschen lasse sich durch Zucht, Willen und Verstand überwinden. Auch heute noch bauen utopische Ideologien und Menschenverbesserungsmodelle auf der Vorstellung auf, der Mensch werde sich, wenn er die Richtigkeit der vom Verstand konstruierten Ideale eingesehen habe, entsprechend ändern können. Die meisten dieser Modelle scheitern aber daran, daß sie nicht von der Ganzheit des Menschen ausgehen, sondern ihn statt dessen in ein Prokrustesbett idealistischer und einseitiger Ideen hineinspannen wollen, was schließlich kranke, innerlich zerrissene Menschen hervorbringt. Je mehr wir uns bemühen, das »Schwein in uns« zu unterdrücken, desto mehr drängt es sich in Phantasien, Ersatzhandlungen und Krankheitssymptomen auf.

Dem heiligen Antonius wird häufig das Schwein als Attribut beigefügt, weil er Patron der Haustiere ist und die Antoritermönche Landwirtschaft und Schweinezucht betrieben haben. Wenn man will, kann man darin auch eine psychologisch sehr richtige Ironie erblicken, denn wir wissen, daß der heilige Antonius von besonders ausgeprägten sündig-teuflischen Versuchungen und Visionen gepeinigt wurde. In seiner Beschäftigung mit den Schweinen fand er vielleicht eine Möglichkeit, seine verdrängten »schweinischen« Seiten in sublimierter Weise mitleben zu lassen.

Da sich die Symbolik des Schweins besonders auf die Anal-, Genital- und Bauchregion bezieht, werden diese auch in ihrer gesunden Funktion stark beeinträchtigt, wenn das »Schwein in uns« beeinträchtigt wird. Verschiedene neurotische und psychosomatische Erkrankungen sind Ausdruck dessen, daß sich unser »inneres Schwein« dann gewaltsam seinen Raum schafft. In der Zwangsneurose verursacht es Schmutz- und Versündigungsphantasien, die nur unter größter Anstrengung durch Wasch-, Putz- und Sauberkeitsrituale etwas gebändigt werden können. In den depressiven und oralen Neurosen macht es sich breit in Form von Passivität und Trägheit, Freß- und Magersucht, Alkoholismus und anderen Suchtformen. Schließlich kann es im körperlichen Bereich Durchfall- und Verstopfungssymptome, Magen-, Darm- und Hauterkrankungen sowie sexuelle Störungen hervorrufen.

Der verzweifelte Versuch, uns innerlich und körperlich sauber und rein zu halten, trägt auch in hohem Maße zur Umweltzerstörung bei. Wasch-, Reinigungs- und Lösungsmittel verunreinigen unsere Flüsse, gefährden den Fischbestand, vergiften das Grundwasser und damit das Trinkwasser; hygienische und adrette Verpackungen lassen uns gerne die Verschwendung der Rohstoffe und die sich ausbreitenden Müllhalden vergessen. Daß das Schwein im dunklen Walde unserer Seele destruktiv geworden ist, weil wir es unterdrückt haben, äußert sich also nicht nur in individuellen Störungen, sondern auch in der drohenden Vernichtung unserer Umwelt.

Das Schneiderlein löst dieses Problem, indem es das Wildschwein in die Kapelle sperrt, also, symbolisch gesehen, scheinbar unversöhnliche Gegensätze miteinander verbindet. Stellen wir uns aber einmal das Schwein in der Kapelle vor: Genausowenig, wie es hier sogleich in heilige Andacht verfallen wird, sondern rast und tobt, so wenig wird auch diese Gegensatzvereinigung in unserer Seele ohne Konflikte und Turbulenzen abgehen können. Sicherlich werden dabei einige unserer geheiligten Auffassungen und moralischen Ideale stürzen. Indem wir aber lernen, das Religiöse im Triebhaften und das Triebhafte im Religiösen wahrzunehmen, erlösen wir das Triebhafte aus dem Bereich des Schmutzigen und Schlechten und befreien das Religiöse aus Sterilität und Scheinheiligkeit.

Jene unheilvolle Spaltung zwischen dem »oberen«, »guten« und »geistigen« Menschen und seiner »unteren«, »schlechten« Tierseele zu überwinden ist ein langer, oftmals peinlicher, aber insgeheim doch lustvoll befreiender Weg. Am leichtesten kann er betreten werden, indem wir unsere diesbezüglichen Phantasien, Gedanken, Träume, Gefühle und Regungen zulassen und annehmen. Wenn wir uns ganzheitlich erfahren wollen, dürfen wir das, was in uns ist, nicht verurteilen und verdammen, sondern müssen es anschauen und sagen: »Schön, daß du endlich da bist, jetzt möchte ich dich, so gut ich kann, kennen und verstehen lernen.« Auch was uns noch so peinlich, »pervers« und »schweinisch« erscheint, hilft uns ein Stück weiter, Zugang zur instinktiven Weisheit unseres Körpers zu finden.

Manchen kommen ihre Träume zu Hilfe und ermutigen sie, doch einmal »die Sau so richtig rauszulassen«. Ein Klient mit einer zwanghaften Persönlichkeitsstruktur und äußerst gehemmtem Triebleben träumte davon, bei Regen mit einer Frau in aller Öffentlichkeit auf der Straße zu schlafen. Während er auf ihr lag, bemerkte er zu seinem Erstaunen, daß sie ein Schwein war, das den Verkehr durchaus behaglich grunzend genoß. Drastischer hätte es ihm niemand sagen können, wessen er eigentlich bedürfte und wohin seine unbewußten Sehnsüchte gingen.

Möglicherweise müssen wir uns aber auch weit zurückwagen in die Phantasien unserer Kinderzeit, wo die Freude an den Empfindungen des Körpers, seinen Funktionen und Reaktionen, seinem Aufnehmen und Ausscheiden noch ungetrübt war. Versuchen wir uns zu erinnern, wie wir unseren Körper entdeckt haben, wie es war, nackt herumzulaufen und mit Wasser und Erde in Kontakt zu kommen, was wir alles probiert, gegessen und gerochen haben, welche Toiletten- und Badezimmererlebnisse wir hatten.

In der Frauenbewegung und bei körperorientierten psychotherapeutischen Methoden, wie sie zum Beispiel in der Bioenergetik, Eutonie und konzentrativen Bewegungstherapie entwickelt wurden, versucht man unmittelbar, körperliche Empfindungen und Bedürfnisse wahrzunehmen. Dies geschieht durch spezielle Körperübungen, durch Bewegungen, Berührungen und Massage. Menschen, denen es schwerfällt, ihren eigenen Körper zu berühren und auf diese Weise zu erkunden, welche Körperteile tabuisiert und welche spezifischen Empfindungen mit ihnen verbunden sind, wird empfohlen, ihren Körper jeden Tag sorgfältig mit einer Feuchtigkeitslotion einzureiben. Dies hat den doppelten Vorteil, daß die Haut zart bleibt und daß man auf diese Weise eine »Entschuldigung« dafür hat, seinen Körper überall anzufassen. Da solche Übungen auch dazu führen, daß man sich hinterher in seiner Haut »sauwohl« fühlt, sollte man sich ausreichend Zeit dafür gönnen.

Die Schwierigkeit mit solchen Übungen ist, daß wir aufgrund der oft lebenslangen Verdrängung und Unterdrückung dieser Lebensvitalität Angst haben, sie könnte uns überwältigen, oder, sprichwörtlich, die Sau könnte mit uns durchgehen. Das ist die übliche Furcht bei Verdrängungen: Die verdrängten Inhalte erhalten eine Bedeutung, die ihnen gar nicht zukommt. Unsere möglicherweise negativen Erfahrungen mit dem »Schwein in uns« sind meist gerade das Produkt der Verdrängung und wären nicht zustande gekommen, wenn wir freundlicher mit ihm umgegangen wären. Schlammpackungen und Bäder, den Körper bürsten und massieren, faulenzen und entspannen, lange schlafen, nach Lust und Laune essen und trinken, sich an erotischer Literatur erfreuen und sich ausgiebig Zeit zu sexuellem Genuß nehmen: das alles sind Möglichkeiten, dann und wann auch an sich selbst und die eigene Tierseele zu denken. Letztere wird sich für die ihr entgegengebrachte Zuwendung bei uns damit bedanken, daß sie uns größere Lebenslust und gesteigertes Wohlbefinden schenkt.

Der »mißgeschickte« Traum

Die Hochzeit ward also mit großer Pracht und
kleiner Freude gehalten und aus einem Schneider
ein König gemacht.
Nach einiger Zeit hörte die junge Königin in der
Nacht, wie ihr Gemahl im Traume sprach: »Junge,
mach mir den Wams und flick mir die Hosen, oder
ich will dir die Elle über die Ohren schlagen.«
Da merkte sie, in welcher Gasse der junge Herr
geboren war, klagte am anderen Morgen ihrem
Vater ihr Leid und bat, er möchte ihr von dem
Manne helfen, der nichts anders als ein Schneider
wäre. Der König sprach ihr Trost zu und sagte:
»Laß in der nächsten Nacht deine Schlafkammer
offen; meine Diener sollen außen stehen und, wenn
er eingeschlafen ist, hineingehen, ihn binden und
auf ein Schiff tragen, das ihn in die weite Welt
führt.« Die Frau war damit zufrieden, des Königs
Waffenträger aber, der alles mit angehört hatte,
war dem jungen Herrn gewogen und hinterbrachte
ihm den ganzen Anschlag. »Dem Ding will ich
einen Riegel vorschieben«, sagte das Schneiderlein.
Abends legte es sich zu gewöhnlicher Zeit mit seiner Frau zu Bett: als sie glaubte, es sei eingeschlafen, stand sie auf, öffnete die Türe und legte sich

wieder. *Das Schneiderlein, das sich nur stellte, als wenn es schlief, fing an mit heller Stimme zu rufen: »Junge, mach mir den Wams und flick mir die Hosen, oder ich will dir die Elle über die Ohren schlagen! Ich habe siebene mit einem Streich getroffen, zwei Riesen getötet, ein Einhorn fortgeführt und ein Wildschwein gefangen und sollte mich vor denen fürchten, die draußen vor der Kammer stehen!« Als diese den Schneider also sprechen hörten, überkam sie eine große Furcht; sie liefen, als wenn das wilde Heer hinter ihnen wäre, und keiner wollte sich mehr an ihn wagen. Also war und blieb das Schneiderlein sein Lebtag ein König.*

Die Hochzeit ward also mit großer Pracht und kleiner Freude gehalten und aus einem Schneider ein König gemacht«: Hier hätte das Märchen eigentlich enden können. Der Erzähler aber und wohl auch wir spüren, daß die Geschichte noch nicht organisch abgerundet ist. Irgend etwas stimmt noch nicht, da fehlt etwas.

Was uns wohl noch Schwierigkeiten bereitet, ist die ungeklärte Beziehungsproblematik zwischen dem Schneider und der Königstochter. Man fragt sich, was die beiden eigentlich für ein Verhältnis zueinander haben und ob sie sich überhaupt mögen. Wir lesen nichts davon. Die Heirat war von Königsseite ungewollt, und die Tochter ist vermutlich nicht groß gefragt worden, ob sie sich als Preis für die listigen Taten des Schneiderleins zur Verfügung stellen will. Wen wundert es da, daß die junge Königin ihren merkwürdigen Gemahl, der äußerlich so gar nichts von einem Helden an sich hat, bei erstbester Gelegenheit loswerden will? Im Hinblick auf unseren Schneider bedauern wir das, wir würden ihm eine glückliche Beziehung, ein »Happy-End« wünschen. Daß das aber nicht eintritt, das möchten wir vielleicht ganz gern der Königstochter anlasten. Wahrscheinlich ist sie eine »klassische« vatergebundene Tochter, die so vom väterlich-kollektiven Geist, seinen Einstellungen und Werten fasziniert ist, daß sie ihren eigenen Gedanken, Gefühlen und weiblichen Instinkten nicht traut und sich innerlich ihrem Vater-Geliebten vermählt weiß, so daß ein anderer Mann keine wirkliche Chance bei ihr hat. Wäre sie nicht so sehr mit altväterlichen, traditionellen Heldenvorstellungen identifiziert, dann könnte sie vielleicht erkennen, daß das Schneiderlein mit seinem hellen Verstand, seiner schnellen Intuition, seinem Witz, seiner Kreativität und nicht zuletzt auch mit seinem Mut und seiner Tapferkeit wertvolle Qualitäten besitzt, die es zwar nicht zu einem angepaßten Ehemann, aber doch sehr wohl zu einem anregenden Lebenspartner und geschickt regierenden König tauglich machen.

Mögen diese Überlegungen auch einige Berechtigung haben, so lenken sie doch von dem eigentlichen Problem ab, das in der Unbezogenheit des Schneiderleins selbst wurzelt. Diese Unbezogenheit kommt darin zum Ausdruck, daß es den Erwerb des halben Königreiches und der Königstochter nur als so etwas wie eine günstige Gelegenheit ansieht, die sich nicht jeden Tag bietet. Auch überspielt es die Abneigung der Königstochter ihm gegenüber einfach mit einem letzten Trick, ohne sich mit ihr in irgendeiner Weise darüber auseinanderzusetzen. Man hat den Eindruck, es sei ihm fast gleichgültig, wie seine Frau zu ihm steht. Diese Unbezogenheit hat zwei hauptsächliche Ursachen.

Die erste Ursache liegt in der ihm wesensgemäßen inneren Freiheit und Eigenständigkeit. Wie wir im Verlauf unseres Märchens gesehen haben, bleibt das Schneiderlein weitgehend seiner Eigenart treu, es läßt sich wenig manipulieren, folgt seinen spontanen Intuitionen und Einfällen und steht in gewisser Weise immer über den Ereignissen. Wir sagten am Anfang, daß es sich eigentlich ständig seinen inneren Fensterplatz bewahre. Ein Mensch, der eine solche Distanz zu den Dingen gefunden hat, daß sie es ihm gestattet, sein Leben selbstgestalterisch, eigenverantwortlich und mit einer gewissen spielerischen Kreativität zu verwirklichen, wird sich nicht mehr freiwillig in abhängig machende Bindungen begeben.

Die Freiheit von unnötigen Bindungen darf aber nicht mit Beziehungslosigkeit verwechselt werden. Vielmehr wird eine offene und echte Beziehung erst möglich, wenn sich die Partner im Bewußtsein ihrer Autonomie und Unabhängigkeit begegnen. Zugegebenermaßen stellt diese letztgenannte Beziehungsform noch weitgehend eine Utopie dar, so daß sie wiederum leicht als Vorwand benutzt werden kann, um einer echten mitmenschlichen Begegnung auszuweichen. Die Betonung von Autonomie ist dann der Ausdruck einer latenten Beziehungsangst. Beziehungsangst aber können wir unserem Schneiderlein nicht nachsagen, denken wir zum Beispiel daran, wie freundschaftlich es den ihm fremden Riesen einlädt, mit ihm in die Welt zu gehen.

Die zweite Ursache für die problematische Beziehung des Schneiderleins zur Königstochter scheint mir daher wesentlicher zu sein. Sie liegt in seiner verheimlichten Identität. Die damit verbundene Unaufrichtigkeit, die ihm möglicherweise gar nicht recht bewußt geworden ist, hat die Beziehung von Anfang an belastet.

Anfangs ging es dem Schneiderlein sicherlich nicht primär darum, seinen Mitmenschen etwas vorzumachen, obgleich wir ja wissen, daß Schneider in Märchen und Folklore zum Angeben und Aufschneiden neigen. Es glaubte naiverweise, daß sein Fliegenstreich tatsächlich eine Heldentat war, wollte sich dafür ausgiebig bewundern lassen und seine Tapferkeit erproben. Wie wir dann gesehen haben, gab diese von uns aus gesehen unscheinbare Tat die Initialzündung für weitere, wirklich beachtenswerte Taten, so daß man sagen kann, daß das Schneiderlein an seiner eigenen Vision gewachsen ist und sie schließlich erfüllt hat. Hinsichtlich Mut, Tapferkeit, Intelligenz und Geschicklichkeit braucht es den Vergleich mit »wirklichen« Helden nicht zu scheuen. Es hat zudem wesentliche Grundprobleme des Menschen auf seine Weise mit viel psychologischem Geschick gelöst: die Gefahren des Macht- und Größenwahns, unkontrollierter Riesenaffekte und fanatischer Überzeugungen und die unheilvolle Spaltung zwischen Geist und Instinktnatur. Vor allem hat es uns gezeigt, daß die »schwachen« Methoden des Annehmens und Akzeptierens den »starken« Methoden des Kampfes und der Unterdrückung überlegen sind. Das alles könnte für das Schneiderlein genug sein, sich mit berechtigtem Stolz hinzustellen und allen zu sagen: »Jawohl, ich bin ein Schneider, ich brauche mich dessen nicht zu schämen. Ich verfüge zwar nur über geringe Körperkräfte, aber über so viel Mut, Witz und Geist, daß ich Probleme lösen konnte, die für euch und andere Helden unlösbar waren.« Statt dessen aber verheimlicht es seine wahre Identität und seine Methoden, deren es sich wirklich nicht zu schämen brauchte. Wieso kann das Schneiderlein, das innerlich so sehr zu seiner Eigenart steht, dies nicht auch nach außen hin tun?

Wir wissen aus eigenem Erleben, daß ungleich mehr Mut dazu gehört, ein peinliches Geheimnis oder eine moralische Schwäche einem anderen Menschen zu bekennen, als es mit sich selbst abzumachen. Indem wir unser Geheimnis beichten, wird es in gewissem Sinne öffentlich. Wir können dadurch der Kritik und unserer Verantwortlichkeit nicht länger ausweichen und sind gezwungen, Konsequenzen zu ziehen. Gleichzeitig aber werden wir durch diese Selbstoffenbarung stark entlastet. Das Mit-Teilen unseres Problems unterbricht den manchmal endlosen, quälerischen Kreislauf von Selbstanklage und Rechtfertigung und ermöglicht es, eine entspanntere, distanziertere und objektivere Haltung ihm gegenüber einzunehmen, weil wir es nach außen gebracht haben. Hierauf beruht die manchmal heilsame Wirkung der Beichte in der Kirche oder des Bekenntnisses in der Psychotherapie.

Die Angst des Schneiderleins vor einem öffentli-

chen Bekenntnis führe ich auf seine »Berufskrank-
heit« zurück. Im Kapitel »Schneider machen Leute«
hatten wir ja gesehen, daß Schneider, da sie ständig
mit der Frage des äußeren schönen Scheins und der
dahinterstehenden, manchmal unschönen Wirklichkeit zu tun haben, selbst auch dazu neigen, ihre
wirkliche Person hinter einer Persona zu verbergen.
So hat sich auch unser Schneider aufgrund seiner
teilweise unbewußten Angeberei in eine etwas
schwierige Persona-Problematik hineingeritten. Sein
Gürtel weist ihn als einen heldenhaften Siebentöter
aus, und da er ihm schließlich ein halbes Königreich
und die Königstochter verdankt, kann er ihn verständlicherweise nicht einfach ablegen und verkünden, daß
er ja gar nicht der Held sei, für den man ihn halte,
sondern nur ein Schneider, der sieben Fliegen erschlagen habe. Dieses letzte Bekenntnis wollen wir ihm
aber auch nicht zumuten. Bei solchen Jugendsünden
und Lächerlichkeiten ist es manchmal besser, man
vergißt sie einfach. Aber zu seiner Identität als Schneider sollte er doch stehen, weil ihn die Helden- und
Königs-Persona eines Tages erdrücken könnte und weil
er durch sein Geständnis die Beziehung zur Königstochter entlasten würde.

Glücklicherweise kommt ihm ein Mißgeschick zu
Hilfe. Das Schneiderlein spricht im Traum und offenbart seine Herkunft. Mißgeschicke, Fehlleistungen
und Träume bringen ja häufig den anderen Menschen
in uns zum Vorschwein äh Vorschein, den wir hinter
unserer Persona zu verbergen versuchen – meistens
gerade in solchen Situationen, wo es uns am peinlich-
sten ist. In dieser Heimtücke scheint die Absicht

unserer Seele zu stecken, uns einen möglichst nachhaltigen Denkzettel zu verabreichen, damit wir ihre ganzheitliche Wirklichkeit nicht vor uns selbst verleugnen. Vor einiger Zeit sprach jemand in einem Vortrag auch über Sexualität. Er wollte einen Satz beginnen mit: »Die verdrängte Sexualität...«, sagte aber sehr zu seiner Peinlichkeit: »Die verdreckte Sexualität...« und mußte sich darüber klarwerden, daß sein Verhältnis zur Sexualität noch keineswegs so geklärt war, wie er glaubte. – Ein Professor, der mit großer Gebärde auf dem Podium einherschreitend einen Vortrag hielt, mußte irritiert feststellen, daß sein Publikum in verdeckt heiterer Stimmung war und so gar nicht den Ernst und die Wichtigkeit seiner Rede würdigte. Er hatte seinen Hosenladen offenstehen und einen Hemdzipfel hervorschauen lassen. Vielleicht wollte ihm seine Seele mitteilen, daß er sich zu sehr exhibitioniere. – Ein namhafter Politiker gab in einer Fernsehdiskussionsrunde über Wahrheit und Lüge versehentlich folgende bezeichnende Definition, als er den Begriff Lüge erklärte: »Wahrheit ist doch, wissentlich und bewußt die Unwahrheit zu sagen.« Die Grenzen zwischen Wahrheit und Lüge sind offenbar auch für ihn fließender, als er sich selbst zugesteht. Ein amerikanischer Präsident offenbarte beträchtliche Schattenseiten, als durch ein Mißgeschick bekannt wurde, mit welcher Art von kriegslüsternen Witzen er sich selbst kurz vor seinen Fernsehansprachen anzuwärmen und aufzulockern beliebte.

So befindet sich unser Schneiderlein also in bester Gesellschaft, wenn es durch eine Fehlleistung seine wahre Identität enthüllt. Nun ist's endlich heraus, jeder weiß, woran er ist, und die Verhältnisse können sich zu klären beginnen. Allerdings gibt es vorher noch einmal Schwierigkeiten. Die Königstochter glaubt sich nun berechtigt, ihren ungeschätzten Gemahl loswerden zu dürfen. Es wäre unserem Schneiderlein wohl schlecht ergangen, hätte es sich inzwischen nicht schon einige Sympathien erworben und das vielleicht gerade beim König, wenn wir den Waffenträger als einen vermutlich jüngeren Aspekt des Königs selbst ansehen wollen, der die Qualitäten des Schneiders wahrzunehmen, zu schätzen und zu bewundern weiß.

Was soll der Schneider aber tun, als er von dem Plan hört? Um Gnade bitten oder einen Krieg androhen? Königreich und Königstochter aufgeben und sich aus dem Staube machen? Alles bereden und versuchen, die Mißverständnisse zu klären, auf die Gefahr hin, daß es dann zu ungünstigen Kompromissen kommt? Nein, das ist nicht seine Sache, zumal er als tüchtiger Märchenheld seinen Thronplatz durchaus verdient hat. Er macht es auf seine eigene, selbstsichere, elegante und humorvolle Art. Er bekennt sich zwar zu seiner Schneider-Identität – das ist das Beste, was man mit Fehlleistungen machen kann: sich zu ihnen bekennen –, aber bedient sich noch seiner furchteinflößenden Helden-Persona und spielt dazu den allwissenden Hellseher. Auf diese Weise erzielt er mit dem geringsten Aufwand den größten Effekt. Er ist schon ein wahrer Meister seines Fachs.

Vielleicht einmal in späteren Jahren, wenn seine Gemahlin und sein Volk ihn schätzen und lieben gelernt haben, wenn er gezeigt hat, wie geschickt er mittels Klugheit und Humor zu regieren weiß, dann wird er auch die letzten Reste der Helden-Persona ablegen können und es wagen, einfach der zu sein, der er dann sein wird: ein Schneider, der aus dem Schneider ist.

ANMERKUNGEN

1 Laotse, Tao Te King, bearbeitet von Gia-Fu Feng und Jane English, Haldenwang 1981

2 Röhrich, L., Lexikon der sprichwörtlichen Redensarten, Freiburg 1977

3 Ende, M., Momo, Stuttgart 1979

4 Röhrich, L., Lexikon der sprichwörtlichen Redensarten

5 Smith, M., Sage nein ohne Skrupel, Reinbeck 1979

6 Röhrich, L., Lexikon der sprichwörtlichen Redensarten

7 Jung, C. G., Die Beziehungen zwischen dem Ich und dem Unbewußten. Ges. Werke Bd. 7, Olten 1971

8 Richter, H. E., Der Gotteskomplex, Reinbeck 1982

9 Laotse, Tao Te King

10 Watzlawik, P. und andere, Lösungen: zur Theorie und Praxis menschlichen Wandels, Bern, Stuttgart, Wien 1979

11 Lukas, E., Auch dein Leben hat Sinn, Freiburg 1980

12 Riemann, F., Grundformen der Angst, München 1975

13 Jung, C. G., Psychologie und Alchemie, Ges. Werke Bd. 12, Olten 1972

14 Handbuch des deutschen Aberglaubens. Hrsg. Bächtold-Stäubli, H., Stichwort Einhorn, Berlin 1927–1942

Wenn Sie bedauern,
daß dieses Märchen schon zu Ende ist...

Leseprobe aus:

HANS JELLOUSCHEK
DER FROSCHKÖNIG
Ich liebe dich, weil ich dich brauche
Reihe Weisheit im Märchen

Ich erinnere mich des Augenblicks noch genau: Ich
saß mit einem jungen Paar in der Therapiestunde.
Die beiden hatten erhebliche Probleme miteinander,
und wir kamen nur recht mühsam voran. Da war mit
einem Mal das Märchen vom Froschkönig im Raum.
Als ein genaues Bild dieser Beziehung und ihrer
Schwierigkeiten drängte es sich förmlich auf. Je länger
ich mich mit diesem Paar beschäftigte, desto überra-
schendere Parallelen zu Froschkönig und Königstochter zeigten sich. So wurde uns das Märchen zu einer
wichtigen Verstehenshilfe und – immer mehr auch –
zum Wegweiser für den Therapieprozeß.
   Ich bin Psychotherapeut, und ein Schwerpunkt
meiner Arbeit ist die Paartherapie. Ich habe seit
diesem Erlebnis mit vielen Paaren gearbeitet, ein-
zeln, im Rahmen von Familienberatung oder auch in
Paar-Gruppen. Immer wieder traf ich dabei Paare,
deren Beziehungsstruktur und deren Umgang miteinander mir die Geschichte von Frosch und Königstochter wieder ins Gedächtnis riefen.
   Immer neue Zusammenhänge zwischen diesen
Paaren und dem Märchen entdeckte ich dabei und

lernte beide wechselseitig besser verstehen. Auch fiel allmählich ein ganz neues Licht auf eine eigene leidvolle frühere Partnerbeziehung, die mich immer noch sehr beschäftigt und bei deren Verarbeitung mir das Märchen sehr hilfreich geworden ist.

Dies läßt mich vermuten, daß das Märchen vom Froschkönig etwas sehr Grundlegendes über Beziehungskonflikte und den Sinn von Paarbeziehungen überhaupt aussagt. In diesem Bändchen mache ich den Versuch, dieses Grundlegende in meiner Sprache und auf dem Hintergrund meiner praktischen Erfahrung in der Arbeit mit Paaren herauszuarbeiten.

Es geht dabei um Grundlegendes, das alle Paare betreffen dürfte. Dennoch gibt das Märchen durch seine Hauptpersonen – Froschkönig und Königstochter – und durch die Art, wie es deren Begegnung und Weg miteinander schildert, eine ganz bestimmte Konstellation und Rollenverteilung vor, in der sich nur ein kleinerer Teil von Paaren wiederfinden kann. Auch gibt es viele Paare, deren »Zusammenspiel« dem von Frosch und Königstochter zwar sehr ähnlich ist, jedoch in anderer Verteilung: Den Part der Königstochter übernimmt der Mann, den des Frosches die Frau. Solche Paare würden sich wohl eher in anderen Märchen, zum Beispiel in »Hänsel und Gretel«, wiederfinden. Aufgrund der Vorgabe bleibe ich aber bei dieser speziellen Konstellation von Froschkönig und Königstochter. Es gibt mir die Möglichkeit, sowohl näher an den Bildern und am dramatischen Verlauf dieser Geschichte zu bleiben als auch eine bestimmte Paarkonstellation genauer zu beschreiben und nicht zu allgemein zu werden.

Weil die angesprochene Thematik, wie gesagt, nicht nur »Frosch-Männer« und »Prinzessin-Frauen« betrifft, sondern alle, die als Paar miteinander zu leben versuchen, habe ich das Vertrauen, daß Sie, liebe Leser, die für Sie stimmigen Variationen zum Thema schon selber finden werden.

Weisheit im Märchen
Herausgegeben von Theodor Seifert

Die Autoren der Reihe zeigen am Beispiel je eines Märchens Entwicklungswege zur Lösung eines typischen Lebenskonflikts.
Neben dem vorliegenden Band sind erschienen:

THEODOR SEIFERT · SCHNEEWITTCHEN
Das fast verlorene Leben

ANGELA WAIBLINGER · RUMPELSTILZCHEN
Gold statt Liebe

INGRID RIEDEL · HANS MEIN IGEL
Wie ein abgelehntes Kind sein Glück findet

HELMUT REMMLER
DER KÖNIGSSOHN,
DER SICH VOR NICHTS FÜRCHTET
Mit vierzig fängt das Leben an

VERENA KAST
DER TEUFEL MIT DEN DREI GOLDENEN HAAREN
Vom Vertrauen in das eigene Schicksal

HILDEGUNDE WÖLLER · ASCHENPUTTEL
Energie der Liebe

HANS JELLOUSCHEK · DER FROSCHKÖNIG
Ich liebe dich, weil ich dich brauche

Kreuz Verlag

HANS JELLOUSCHEK
DER FROSCHKÖNIG
Ich liebe dich, weil ich dich brauche
Buchreihe Weisheit im Märchen
120 Seiten, gebunden

Daß die schöne Königstochter den garstigen Frosch, der zu ihr ins Bett will, an die Wand wirft, ist eine Szene, die wohl jeder aus seiner Kinderzeit in Erinnerung hat. Was für ein – durchaus modernes – Beziehungsdrama sich in dieser Szene abbildet, zeigt der Familien- und Paartherapeut Hans Jellouschek. Immer wieder, schreibt er, begegnet ihm in Paarkonflikten eine Konstellation, bei der er ein »Frosch-Mann« und sie eine »Prinzessin-Frau« ist. Ihre Versuche, nett zueinander zu sein, scheitern daran, daß ihr Beziehungsvertrag auf falschen Voraussetzungen beruht. Jeder fordert vom anderen Hilfe und klagt sie sogar ein, und das führt zu unaufhörlichen Konflikten. Das Märchen erhellt auf überraschende Weise eine für beide Partner schmerzhafte Beziehungsverwirrung; Jellouschek zeigt aber auch, auf welche Weise »Frosch-Mann« und »Prinzessin-Frau« zur Liebe reifen können. Denn zuletzt springen die eisernen Ringe, die der treue Heinrich um die Brust hatte, die Liebesfähigkeit in beiden wird frei.

Kreuz Verlag